POESIA E FILOSOFIA

Homenagem a Orides Fontela

Patrícia Lavelle
Paulo Henriques Britto
Henrique Estrada
Pedro Duarte
(Orgs.)

POESIA E FILOSOFIA

Homenagem a Orides Fontela

Patrícia Lavelle
Paulo Henriques Britto
Henrique Estrada
Pedro Duarte
(Orgs.)

© Relicário Edições
© Autores

DADOS INTERNACIONAIS DE CATALOGAÇÃO NA PUBLICAÇÃO (CIP) DE ACORDO COM ISBD

P745

    Poesia e filosofia: homenagem a Orides Fontela / organizado por Patrícia Lavelle ... [et al.]. – Belo Horizonte, MG : Relicário, 2019.

    200 p. ; 15,5cm x 22,5cm.

    Inclui bibliografia e índice.

    ISBN: 978-65-5090-000-7

    1. Literatura brasileira. 2. Poesia. 3. Filosofia. 4. Orides Fontela. I. Lavelle, Patrícia. II. Britto, Paulo Henriques. III. Estrada, Henrique. IV. Duarte, Pedro. V. Título.

                                                        CDD 869.1

2019-1823   CDU 821.134.3(81)-1

CONSELHO EDITORIAL

Eduardo Horta Nassif Veras (UFTM)
Ernani Chaves (UFPA)
Guilherme Paoliello (UFOP)
Gustavo Silveira Ribeiro (UFMG)
Luiz Rohden (UNISINOS)
Marco Aurélio Werle (USP)
Markus Schäffauer (Universität Hamburg)
Patrícia Lavelle (PUC-RIO)
Pedro Süssekind (UFF)
Ricardo Barbosa (UERJ)
Romero Freitas (UFOP)
Virginia Figueiredo (UFMG)

COORDENAÇÃO EDITORIAL Maíra Nassif Passos
PROJETO GRÁFICO & DIAGRAMAÇÃO Kátia Regina Silva
CAPA Caroline Gischewski
IMAGEM DE CAPA Gaya Cunha
REVISÃO Silvia Barbosa - Letras e Normas

RELICÁRIO EDIÇÕES
Rua Machado, 155, casa 1, Colégio Batista | Belo Horizonte, MG, 31110-080
relicarioedicoes.com | contato@relicarioedicoes.com

Índice

7   **Apresentação**
Patrícia Lavelle

I. Orides (relida)

15   **O que dá nervo ao poema? Uma releitura de Orides Fontela**
Patrícia Lavelle

29   **Os decassílabos ocultos em "Alvo", de Orides Fontela**
Paulo Henriques Britto

35   **A um passo do anti-pássaro: a poesia de Orides Fontela**
Ivan Marques

59   **Aos pulos: deslocamentos na teia com Orides Fontela. Poesia brasileira contemporânea escrita por mulheres**
Susana Scramin

77   **Ontologias: sobre as naturezas na poesia de Orides Fontela**
Renata Sammer

89   **A casa da utopia: o livro, a língua, o poema**
Henrique Estrada

II. Políticas da poeta

105   **"Há muita poesia na filosofia, sim"**
Pedro Duarte

115   **A precisão da poesia: Orides Fontela**
Marcia de Sá Cavalcante Schuback

129   **Trança: a poesia e o feminino**
Marcela Oliveira

141   **Orides Fontela: a apreensão – impossível – do real, nem**
Alberto Pucheu

III. Poéticas do pensamento

155 **Poética aristofânica**
Luísa Buarque de Hollanda

169 **Hamlet e o ceticismo**
Pedro Süssekind

181 **"La folle du logis". Poética e filosofia**
Marc de Launay

195 **Sobre os autores**

Apresentação

por Patrícia Lavelle

Em 2018, por ocasião dos vinte anos da morte da poeta Orides Fontela, nos propusemos a refletir sobre o seu legado: uma obra extremamente original no contexto da poesia brasileira contemporânea, combinando objetividade, rigor formal e uma estética despojada com um adensamento filosófico que não encontra paralelos na poesia brasileira de sua época. A partir da reflexão crítica sobre a poética de Orides Fontela, o simpósio que deu origem aos textos reunidos neste volume teve como objetivo mais amplo recolocar em discussão a clássica oposição entre poesia e filosofia. Entretanto, ao invés de reconstruir os diferentes modos pelos quais a tradição filosófica pensou a poesia e sua própria relação com o poético desde suas origens, tomamos como ponto de partida a singularidade desta obra poética contemporânea que permite tematizar, sob um ângulo crítico, a partir de um *corpus* textual particular e historicamente situado, a antiga questão que a própria poeta recoloca.

Orides reivindica um "impulso filosófico"[1] em vários escritos e entrevistas, embora também considere exagero ser apresentada como filósofa acadêmica. Professora de pré-primário precocemente aposentada, nascida numa família operária de São João da Boa Vista, no interior do Estado de São Paulo, ela nunca deu aulas de filosofia, nem foi propriamente uma pesquisadora, embora tenha cursado Filosofia na USP no final dos anos 1960. Se a leitura desempenha um papel importante em

---

1. Conferir, por exemplo, a entrevista com Augusto Massi, José Maria Cançado e Flavio Quintilliano (FONTELA, 2019, p. 47).

sua biografia desde a infância[2] e muitos de seus poemas se apresentam como "releituras", inclusive de textos filosóficos, Orides também não era exatamente uma erudita. Entretanto, num texto ensaístico em que se pronuncia sobre o assunto,[3] ela reconhece na filosofia a atitude diante do real que também orienta o seu impulso poético:

> Fruto da maturidade humana, [a filosofia] emerge lentamente da poesia e do mito, e inda guarda as marcas da co-nascença, as pegadas vitais da intuição poética. Pois ninguém chegou a ser cem por cento lúcido e objetivo, nunca. Seria inumano, seria loucura e esterilidade. Bem, aí já temos uma diferença básica entre poesia e filosofia – a idade, a técnica, não o escopo. Pois a finalidade de entender o real é sempre a mesma, é "alta agonia" e "difícil prova" que devemos tentar para realizar nossa humanidade.

Tal como a compreende, a filosofia repousa sobre uma esfera mais arcaica na qual também a poesia encontra suas origens: a da interrogação diante do real, a do questionar que se desvia de respostas prontas na busca pela verdade ou na invenção do sentido.

Amor
cegueira exata

e, entendendo-se "amor" como a energia criativa primordial, então o saber poético se dá como uma "cegueira exata": intuição, pensamento selvagem. A poesia, claro, não apresenta provas: isto é tarefa para a filosofia.

---

2. Conferir a biografia escrita por Gustavo de Castro (2015), que destaca a assiduidade com a qual, desde o ginásio, Orides emprestava livros de bibliotecas e passava tardes lendo em livrarias.
3. Este texto foi escrito a pedido de Alberto Pucheu para integrar o volume *Poesia (e) filosofia por poetas-filósofos em atuação no Brasil*, organizado por ele em 1998, pouco antes da morte de Orides Fontela, e reeditado em 2019 pela editora Moinhos. O ensaio encontra-se também em Orides Fontela, *Toda palavra é crueldade*, volume que reúne os textos em prosa da autora organizados por Nathan Matos e publicado também pela Moinhos em 2019. A biografia de Orides Fontela por Gustavo de Castro, mencionada na nota anterior, inclui um fac-símile do datiloscrito enviado a Alberto Pucheu.

Entretanto, se a filosofia "apresenta provas" em sua linguagem técnica, conceitual, a poeta aponta também a dimensão poética inerente aos textos filosóficos, que afirma ter lido como poesia:

> Mas os filósofos – os criativos mesmo – também partem de intuições, e é a poesia que dá o que pensar. Que dizer dos incitantes fragmentos de Heráclito? Mistério religioso? Filosofia? Poesia? Tudo junto! E de Platão, aliás também poeta? E de Heidegger – que confesso ter lido como poesia – que, afinal, acaba no poético, por tentar algo indizível? Há muita poesia na filosofia, sim. Não poesia didática – como a dos pré-socráticos – mas poesia como fonte que incita e embriaga. E da filosofia na poesia já falamos, só que é "filosofia" que se ignora, que canta – que dá nervo aos poemas e tenta entrar onde o raciocínio não chega.

A formulação chama a atenção para a afinidade da poesia com a predisposição teórica, ressaltando o seu "pensamento selvagem" que, diferente da argumentação filosófica, "não apresenta provas". Entretanto, se há poesia na filosofia, ela vê também filosofia na poesia, mas "é 'filosofia' que se ignora, que canta – que dá nervo aos poemas e tenta entrar onde o raciocínio não chega".

Insistindo reflexivamente no que inerva os poemas, a obra de Orides Fontela nos fala da "energia criativa original" comum à filosofia e à poesia, que é ao mesmo tempo um luxo e uma carência humana, se compararmos ao instinto dos outros animais. Ela nos fala do desejo que interroga e hesita, que quer pensar a totalidade do real, o ser, e procura sentidos além das necessidades de sobrevivência. Afinal, essa "energia criativa original" não seria a faculdade humana de desejar se estendendo além do necessário e do contingente em direção ao incondicionado, nos limites do dizível?[4] Num poema intitulado "Eros", Orides a interroga num interessante endereçamento:

---

4. Na introdução à *Crítica da faculdade de julgar*, Kant (2016) afirma que a razão é a faculdade de desejar.

> Que forma te conteria?
> Tuas setas armam
> o mundo
>
> (FONTELA, 2015, p. 142)

Além de chamar a atenção para a dimensão literária dos textos filosóficos – no que encontra afinidades com o primeiro romantismo alemão, com certas posições de Walter Benjamin e, contemporaneamente, de Hans Blumenberg –, a evocação da leitura de textos filosóficos como poesia indica também a importância da intertextualidade na poética de Orides. Em sua obra, dois gestos se atravessam e entrecruzam: a interrogação criativa, este Eros a que se endereça reflexivamente o poema, e a releitura da tradição não apenas literária, mas também filosófica.

Orides lê interrogando e dialogando: transforma o lido ao dar forma ao poema, relê escrevendo. Nesse sentido, o hábito que tinha de fazer anotações e até de escrever poemas nas margens das páginas dos livros que possuía é significativo. De fato, alguns de seus poemas se apresentam explicitamente como "releituras". Em outros, as referências ficam implícitas, escondidas. Em todo caso, a experiência da leitura nela é sempre releitura, trabalho de inversão e reinvenção na escrita: metamorfose e diálogo.

A experiência de ler e reler, insistir na materialidade rítmica dos poemas de Orides, em suas múltiplas intertextualidades, na reconstrução de seus contextos ou no entrecruzamento com outras leituras, marca a primeira parte deste volume. Nela, o leitor encontrará elementos para situar a obra oridiana no panorama da poesia brasileira contemporânea e para examinar a relação poesia-filosofia a partir de intertextualidades que encontramos em sua obra e/ou de textos filosóficos com os quais sua produção poética dialoga. Na segunda parte, uma série de questionamentos importantes desencadeados pelo uso político pervertido da linguagem no presente leva a meditações ensaísticas a partir da poesia de Orides Fontela que problematizam a relação entre poesia e filosofia, se interessam pelo enraizamento da poeta no real e tematizam o feminino. Finalmente, na terceira e última parte da obra, três textos abordam a imbricação entre invenção poética e pensamento conceitual de modos opostos e complementares. Indicando, por um lado, a existência de elementos conceituais no interior do poema e apontando, por outro, os fundamentos poéticos de toda argumentação filosófica, por mais sistemática que seja, prolongam, a partir de outros autores, o duplo direcionamento das reflexões de Orides sobre a relação entre poesia e filosofia.

REFERÊNCIAS

CASTRO, Gustavo de. *O enigma Orides*. São Paulo: Hedra, 2015.
FONTELA, Orides. "Eros". In: *Poesia completa*. Organização de Luís Dolhnikoff. São Paulo: Hedra, 2015.
FONTELA, Orides. *Toda palavra é crueldade*. Belo Horizonte: Moinhos, 2019.
KANT, Immanuel. *Crítica da faculdade de julgar*. Tradução de Fernando Costa Mattos. Petrópolis: Vozes, 2016.

I. Orides
(relida)

O que dá nervo ao poema?
Uma releitura de Orides Fontela

Patrícia Lavelle

Introdução

Modo de relação com o espaço, o mito se caracteriza, segundo Cassirer,[1] por uma expressividade que apaga todo distanciamento entre a imagem e o que ela representa. Mediatizada pela linguagem, essa experiência radicalmente expressiva engendra uma infinidade de variações, às vezes até contraditórias, de um mesmo tema ou personagem. Ora, se a poesia grega surge com o mito, alimentando-se de seu polimorfismo, ela se afasta de sua expressividade primeira através do movimento reflexivo inerente à representação artística. Trabalho no material polimorfo do mito, trabalho do mito no discurso, trabalho não mais expressivo, mas representativo, da arte poética, as epopeias constituem mito-logias. Mesmo que a poesia da Grécia arcaica esteja impregnada de valor cultual, e participe portanto do mundo do mito, ela introduz distanciamentos reflexivos no interior da imagem mítica.

É o caso, por exemplo, da *Teogonia* de Hesíodo (2002), que antecipa as sistematizações cosmológicas dos pré-socráticos e, colocando em cena pela primeira vez o "eu" do poeta, indica a instância subjetiva da representação. Ao nomear a voz poética, este longo poema abre um caminho para a poesia lírica, que viria a se desenvolver um século mais

---

1. Sobre a noção de "mito" em Cassirer, conferir "Espace mythique, espace esthétique et espace théorique" (1995) e "Le problème du symbole et le système de la philosophie" (2000).

tarde, mas também tem em comum com o pensamento teórico nascente uma preocupação de sistematização que implica uma crítica dos materiais míticos tradicionais.

Compreendido como relação expressiva ao espaço, o mito não está presente apenas nas culturas arcaicas, como a Grécia antiga. Essa forma simbólica não foi definitivamente ultrapassada no mundo contemporâneo e, mais ainda, coexiste com outros modos de relação com o sentido externo, e em particular com a modalidade estética de representação. Talvez por isso, a poesia mais contemporânea não cesse de trabalhar e retrabalhar materiais míticos legados pela tradição literária clássica.

Em Orides Fontela o trabalho poético sobre estruturas míticas dialoga de perto com o conceito, convocando explicitamente a tradição filosófica. Assim, sua produção leva-nos a perguntar como uma poeta contemporânea opera deslocamentos nos materiais míticos, incitando-nos a localizar a questão sobre o pensamento poético entre a forma simbólica do mito e a da teoria. Parece-me, sobretudo, que tal interrogação não deve ser colocada abstratamente, de maneira estritamente conceitual, mas que concerne, a cada vez, a um corpus textual singular. Pois, mesmo que possamos pensar um modo poético de relação, ou a poesia como forma simbólica, não existe um único pensamento poético que se materializaria em todos os poemas, mas uma pluralidade de reflexões que se constituem em obras poéticas individuais.

Assim, para evitar operar abstratamente, seguirei uma sugestão metodológica de Jean Bollack e proporei uma "leitura insistente".[2] Lerei portanto, de maneira insistente, um poema de Orides Fontela que se apresenta igualmente como leitura, isto é, como uma releitura de uma passagem da *Crítica da razão prática* (KANT, 2004). A partir da leitura insistente do poema "Kant (Relido)", em cuja fatura extremamente sintética identificamos não apenas a referência a uma passagem significativa da *Crítica da razão prática*, mas também uma releitura do mito de Gaia e Uranos, relatado na *Teogonia* de Hesíodo, procurarei compreender o modo como a poeta dialoga com suas leituras, operando

---

2. Conferir exemplos desse método no volume coletivo *La lecture insistante*.

transformações e deslocamentos consideráveis. Assim, minha leitura insistirá não apenas numa breve análise da materialidade rítmica do poema, mas sobretudo numa reconstrução das intertextualidades que o atravessam e nele dialogam.

Neste poema, como em outros, Orides Fontela não se contenta em dizer de outro modo as teses que o texto filosófico enuncia, transpondo-as alegoricamente, numa expressão poética, mas ela responde poeticamente à interpelação contida na teoria, ironizando as estruturas míticas que nela subsistem. O poema reage poeticamente à argumentação kantiana. Ele tira consequências, indica aspectos que permanecem escondidos no registro conceitual do texto kantiano e sublinha ironicamente as estruturas míticas que nele subsistem, propondo uma verdadeira releitura. A leitura desta releitura nos permitirá portanto situar a interrogação sobre o pensamento poético entre a forma teórica do conceito e o trabalho do mito.

A materialidade do poema

De origem modesta, nascida em São João da Boa Vista, no interior do Estado de São Paulo, Orides Fontela obteve desde cedo uma acolhida favorável pela crítica especializada, que a teria "descoberto" em 1965,[3] antes mesmo da publicação de seu primeiro livro, *Transposição*, em 1969. Sua poética sóbria, de versos curtos e enigmáticos, cortados de modo surpreendente, causava espanto por sua novidade em relação à herança modernista dos anos 1920-1940, mas aparecia também como uma alternativa às novas vanguardas concretistas e neoconcretistas do pós-guerra. De fato, é como potência de inovação que a poesia de Orides Fontela foi recebida por Antonio Candido em sua apresentação bastante elogiosa do terceiro livro da poeta, *Alba*, de 1983:

3. Segundo conta Luís Dolhnikoff (2015) na introdução ao volume de suas obras completas, Davi Arrigucci Jr. a teria "descoberto" em 1965, através de um poema publicado no jornal de sua cidade, engajando-se em seguida na edição de seu primeiro livro.

Um poema de Orides Fontela tem o apelo das palavras mágicas que o pós-simbolismo destacou, tem o rigor construtivo dos poetas engenheiros e tem um impacto por assim dizer material de vanguarda recente. Mas não é nenhuma destas coisas, na sua integridade requintada e sobranceira; e sim a solução pessoal que ela encontrou. Parecendo tão inseridos numa certa evolução da poesia moderna, e sendo tão originais como invenção, os seus versos possuem em geral uma carga de significado que não é frequente. (CANDIDO, 1983, p. 157)

No final dos anos 1960, Orides cursa filosofia na Universidade de São Paulo, o que lhe permite aprofundar e desenvolver uma inclinação especulativa que aparecia já em seus primeiros poemas. Entretanto, seu interesse pela filosofia não desemboca numa carreira universitária, mas se reflete efetivamente na forma de sua obra, fazendo dela uma espécie de poeta-filósofa – outra singularidade na tradição poética brasileira. Ora, esta relação com a filosofia aparece às vezes sob a forma da citação ou da referência explícita, mas se inscreve mais frequentemente na fatura enigmática e intertextual dos poemas, que colocam e tematizam questões teóricas: a linguagem e o próprio fazer poético, o tempo, Eros e a liberdade, entre outros questionamentos também tradicionalmente filosóficos.

"Kant (relido)", que me proponho a reler, é um dos poemas de Orides que se refere explicitamente à obra de um filósofo. Entretanto, não se trata de uma citação, mas do deslocamento poético de uma passagem frequentemente citada da conclusão da *Crítica da razão prática*. Ele aparece no volume *Rosácea*, de 1986, que reúne poemas de juventude então ainda inéditos e textos novos. Este livro, publicado pouco tempo depois do sucesso de *Alba*, que ganhou o Prêmio Jabuti de poesia em 1984, está dividido em cinco séries de poemas intituladas: Novos, Lúdicos, Bucólicos, Mitológicos e Antigos. O poema que aqui nos interessa faz parte da primeira série. Embora seja seguido por outro texto que se refere à tradição filosófica, evocando Pascal,[4] é significativamente

---

4. A poeta se refere a Pascal como uma de suas mais antigas leituras filosóficas, anteriores ao tempo em que estudou filosofia na USP. Cf. Fontela, 2019.

precedido por "Herança", de coloração sobriamente autobiográfica. Nele, a poeta lista alguns objetos bastante modestos, em sua maior parte utensílios de trabalho manual:

Herança

Da avó materna:
uma toalha (de batismo)

Do pai:
um martelo
um alicate
uma torquês
duas flautas.

Da mãe:
um pilão
um caldeirão
um lenço.

A proximidade deste poema, cujo teor autobiográfico contrasta com a sobriedade e a concisão da expressão, que nem sequer deixa lugar para a emergência da primeira pessoa, quase sempre antiliricamente evitada por Orides Fontela, nos incita a problematizar o "eu" que "Kant (relido)" coloca ostensivamente em cena:

Kant (relido)

Duas coisas admiro: a dura lei
cobrindo-me
e o estrelado céu
dentro de mim

Ao fragmentar o decassílabo tradicional, o poema engendra uma variação rítmica significativa, produzindo uma espécie de evidência verbal que se aparenta à dos provérbios e dos oráculos, embora seja quebrada por uma certa ironia. De fato, o primeiro verso pode ser lido como um decassílabo heroico, ritmado pelas tônicas na primeira, na sexta e na oitava sílabas. A pontuação reforça, entretanto, a cesura que o divide em um trecho de seis sílabas e outro de quatro, acentuado na segunda (a **du**ra lei). O segundo verso, composto por uma única palavra (co/**brin**/do-me), tem apenas duas sílabas, repetindo assim a acentuação do segundo segmento do primeiro verso. O terceiro retoma a extensão da primeira parte do decassílabo inicial (6 sílabas) retardando a primeira tônica, que aparece apenas na quarta ("e o/ es/tre/**la**/do/ céu"); mas se fizermos a elisão entre o artigo e o adjetivo pode também ser lido como uma redondilha menor acentuada na terceira sílaba. O último verso repete ainda o metro da segunda parte do primeiro (4 sílabas) embora acentue fortemente a primeira sílaba: "**den**/tro/ de/ mim".

>**Du**/as/ coi/sas/ ad/**mi**/ro: a/ **du**/ra/ **lei (1-6-8-10)**
>co/**brin**/do/-me (2)
>e o/ es/tre/**la**/do/ **céu** (4-6)
>**den**/tro/ de/ **mim**. (1-4)

>ou

>**Du**/as/ **coi**/sas/ ad/**mi**/ro: (1-3-6)
>a/ **du**/ra/ lei (2-4)
>co/**brin**/do-me (2)
>e o es/tre/**la**/do/ céu (3-5)
>**den**/tro/ de/ mim (1-4)

Decompondo o decassílabo tradicional num movimento rítmico que permite variações na cadência da leitura, Orides acentua as palavras "dura", "cobrindo-me" e "dentro". O poema parece efetivamente incitar o leitor a relê-lo de outro modo, minando assim ritmicamente a sugestão contida no título. Entretanto, para tirar consequências semânticas deste efeito rítmico numa interpretação da releitura proposta pela poeta, precisamos voltar ao texto que ela relê poeticamente para reconstruir o contexto filosófico no qual ele aparece.

O texto relido

A frase que o poema retoma é frequentemente citada justamente porque constitui uma espécie de exceção na qual, ao final de sua obra, Kant deixa de lado a argumentação conceitual para se exprimir, excepcionalmente, de um modo que pode ser qualificado como lírico: "Duas coisas enchem o ânimo de crescente admiração e respeito, veneração tanto mais renovada quanto com mais frequência e aplicação delas se ocupa a reflexão: sobre mim o céu estrelado, em mim a lei moral" (KANT, 2004, p. 307).

A lei moral que, de acordo com Kant, constitui uma exigência interna não é uma prescrição normativa. Ela corresponde ao postulado segundo o qual cada conduta ética deve repousar sobre a autonomia da razão humana, e portanto sobre a autodeterminação de sua vontade tomada como fim absoluto, o que implica a exigência racional de que todo ser dotado de razão seja sempre tomado como um fim em si mesmo, e jamais reduzido a um mero meio. Assim, de acordo com Kant, a condição de possibilidade de toda responsabilidade moral é a ideia de liberdade, compreendida como a possibilidade de auto determinação absoluta da vontade segundo uma exigência universal da razão em detrimento do interesse ditado por preferências e inclinações pessoais, assim como por contingências e limitações naturais e sociais. Neste sentido, a argumentação kantiana é circular: a lei moral, imperativo categórico da razão prática, repousa sobre a ideia de liberdade; e a liberdade, que conhecemos *a priori* apenas como postulado sem que seja possível fazer dela um objeto de experiência, é a condição da lei moral.

Segundo Kant, embora a ideia de liberdade constitua a pedra angular na edificação do sistema da razão pura, pois permite a articulação entre o domínio teórico de conhecimento da natureza e o domínio prático da moralidade, é impossível dar um exemplo de sua aplicação empírica. Conhecemos sua possibilidade *a priori* apenas como um postulado sobre o qual se fundam todas as ideias da razão, mas nunca como efetivação concreta na experiência.

Na passagem citada, que corresponde à frase "relida" por Orides Fontela, o paralelo entre o céu estrelado "sobre mim" e a lei moral "em mim" corresponde a uma dupla consciência: a de "minha" existência física insignificante face a imensidão irrepresentável do real e a de "minha" responsabilidade moral. Ora, segundo Kant, esta última "começa em meu invisível eu, na minha personalidade, expondo-me em um mundo que tem verdadeira infinidade, porém que só resulta penetrável pelo entendimento e com o qual eu me reconheço (...) em uma conexão universal e necessária, não apenas contingente (...)"(KANT, 2004, p. 307). É essa segunda "visão" que me revela a independência de minha própria vida intelectual em relação ao mundo sensível. Mas, segundo Kant, é ainda esta que, escapando ao domínio das leis da natureza, permite precisamente pensar sua própria conexão com a natureza pela pressuposição do acordo entre as faculdades de conhecer e o real.

Entretanto, na frase citada, a primeira pessoa não remete apenas a uma consciência lógica, mas acolhe também os sentimentos e a capacidade reflexiva de um indivíduo dotado igualmente de existência física – capaz portanto de estabelecer uma relação simbólica entre uma representação sensível do espaço que o cerca e uma ideia racional. Além disso, é significativo que, no parágrafo seguinte, Kant faça uma advertência contra a astrologia, que estabelece uma relação mágica entre a esfera moral e a observação do céu. A representação que ele procura esboçar aqui a partir do paralelismo retórico entre as duas visões – a do céu estrelado acima de mim e a da lei moral em mim – não quer ser confundida com o mundo do mito, mesmo que também não pertença nem ao domínio teórico, nem ao prático. Trata-se simplesmente de uma imagem para a reflexão, de uma representação estética que abre perspectivas ao pensamento. Assim, esta passagem conclusiva da *Crítica da razão prática* antecipa em mais de um sentido a *Crítica da faculdade do juízo*, na qual Kant aborda o campo do sensível e analisa os juízos estéticos puros, confrontando-se ao problema da reflexão.

E é justamente a *Crítica da faculdade do juízo* que tematiza o modo de apresentação das ideias da razão, propondo uma analogia entre o Belo e a Lei Moral. No contexto dessa argumentação, que se encontra no §59 da "Analítica do sublime", intitulado "A Beleza como símbolo da moralidade", Kant distingue as noções de "conceito" (do entendimento) e de "ideia" (da razão) e examina detidamente o modo pelo qual podemos apresentá-los ou expô-los.

Segundo Kant, os conceitos do entendimento podem ser apresentados diretamente, pelos exemplos ou esquemas através dos quais expomos sua realidade objetiva. Assim, um conceito puro do entendimento, como o de triângulo, pode ser apresentado através da formula matemática que lhe serve de esquema e um conceito empírico, com o de gato, pode ser exposto através de exemplos. Entretanto, as ideias da razão – mesmo que remetam àquelas questões fundamentais que não podemos deixar de colocar mas que, ao mesmo tempo, somos incapazes de responder – não constituem objetos do conhecimento. Tais ideias, como a de liberdade, ou a de verdade, podem (e devem) apenas ser pensadas, pois fundamentam moral e conhecimento, mas não é possível conhecê-las objetivamente. No entanto, Kant afirma que podemos apresentá-las de modo simbólico, isto é, através de construções poéticas complexas que se articulam com a esfera conceitual.

Em sua *Teoria da não-conceitualidade*, Hans Blumenberg propõe uma interessante releitura desta passagem, também evocada nos *Paradigmen für eine Metaphorologie*, na qual compreende os símbolos kantianos como construções poéticas complexas e irredutíveis à esfera conceitual que corresponderiam aos questionamentos filosóficos mais fundamentais, àqueles que aspiram à totalidade do real. Sua exploração filosófica da estrutura racional de tais questões remete, como também sugere Orides, a uma origem comum entre os impulsos teórico e poético na esfera das correlações não determináveis do pensamento – a da não-conceitualidade.

Blumenberg parte da hipótese – próxima da intuição de Orides sobre a poesia como "fonte que incita e embriaga" – de que as configurações poéticas funcionam frequentemente como antecipação de sistematizações posteriores. E, em alguns casos, também constituem "metáforas absolutas", isto é, núcleos de pensamento irredutíveis a toda conceitualidade. Embora não sejam transponíveis em termos conceituais, tais construções metafóricas que se constituem no discurso, e mesmo numa complexa intertextualidade, interagem com os conceitos.

A releitura

Não é verossímil que Orides Fontela tenha assistido muitas aulas sobre Cassirer e nem pode ter tido conhecimento da interpretação da problemática da representação simbólica proposta por Blumenberg (2013), assim como dos desenvolvimentos sobre a esfera da "não conceitualidade" por ele propostos, já nos anos 1970. Afinal, o autor só viria a ser recebido no Brasil bem recentemente. Entretanto, é certo que Orides Fontela estudou Kant quando esteve na USP, na virada dos anos sessenta para os setenta e sua ética é evocada num estudo redigido por ela.[5] Além disso, num depoimento escrito, Orides se pronuncia sobre a filosofia e sobre sua relação com a poesia em termos que poderíamos aproximar de algumas considerações de Blumenberg que retomam perspectivas kantianas também exploradas pelos românticos alemães:

> Fruto da maturidade humana, [a filosofia] emerge lentamente da poesia e do mito, e inda guarda as marcas de co-nascença, as pegadas vitais da intuição poética. Pois ninguém chegou a ser cem por cento lúcido e objetivo, nunca. Seria inumano, seria loucura e esterilidade. Bem, aí já temos uma diferença básica entre poesia e filosofia – a idade, a técnica, não o escopo. Pois a finalidade de entender o real é sempre a mesma, é "alta agonia" e "difícil prova" que devemos tentar para realizar nossa humanidade. (FONTELA, 2015, p. 219)

Neste ensaio, Orides aponta uma origem comum à poesia, "arcaica como o verbo", e à filosofia, "fruto da maturidade humana", na interrogação diante do que ela aqui nomeia "o real", mas que podemos também aproximar do que Cassirer chama de espaço, isto é, o que nos cerca, aquilo no qual nos encontramos e o que também produzimos segundo

---

5. Refiro-me aqui a um texto inédito que parece ser um trabalho universitário destinado provavelmente à validação de um curso de graduação, no qual a poeta reconstrói diversas teorias éticas, relaciona ética e política, evoca a questão dos direitos das mulheres e manifesta concordância com o princípio de base da ética kantiana: "(...) o fundamento de uma ética tem que ser, como queria Kant, válido para todos, universal e universalizável – é a fórmula de Kant, pena que ele achou só uma forma".

diferentes modos de relação: conceitual, estético ou mítico. Ora, a poeta afirma não apenas que o modo de relação com o real característico da filosofia surge da poesia e do mito, mas também que este modo filosófico de visar guarda os "vestígios vivos da intuição poética", os quais se encontram em suas origens. Isto nos permite compreender a orientação geral de sua releitura poética de Kant para retornar ao poema do qual partimos e insistir em sua leitura – e na releitura que ele propõe.

Como vimos, o poema destaca ritmicamente algumas palavras e inverte a estrutura da frase de Kant, sugerindo uma imagem erótica clara, embora bastante sublimada. Qualificada de "dura", termo que não aparece na formulação kantiana, a lei moral que, de acordo com a *Crítica da razão prática*, repousa sobre a liberdade, "cobre" um "eu lírico" discretamente indicado pelo "me" e pelo "mim". Atípico na poética de Orides Fontela, em que o sujeito é frequentemente elidido,[6] o "eu lírico" aparece aqui em voz ativa ("admiro") e passiva ("me, mim"), esconde-se entretanto sob a voz do filósofo numa enunciação que poderia passar por uma citação, não fosse a advertência contida no título. Relida por Orides, essa primeira pessoa que, no próprio texto kantiano já não poderia mais passar por transcendental, aparece em sua plena corporeidade. E mostra-se feminina pois não apenas abre-se à "dura lei" que se coloca sobre ela, cobrindo-lhe no sentido sexual do termo, mas também engendra "o estrelado céu" dentro de si.

Invertendo a ordem dos termos e insistindo ritmicamente em certas palavras, Orides Fontela opera uma espécie de subversão na frase de Kant para esboçar uma imagem erótica, reanimando os "vestígios vivos da intuição poética" no interior do texto filosófico. A imagem revela, efetivamente, as ressonâncias míticas da formulação kantiana, remetendo-nos ao mito de Gaia e Uranos, apresentado por Hesíodo no início da *Teogonia*. Gaia, a terra, gera sozinha Uranos, o céu estrelado, que em seguida a recobre completamente, fecundando-a. E assim, Gaia engendra uma série de deuses e titãs que permanecem dentro dela, pois Uranos a cobre incessantemente sem deixar espaço para o nascimento dos

---

6. Para um levantamento da elisão da primeira pessoa no conjunto da obra poética de Orides Fontela. Cf. Gonçalves, 2014.

filhos. Para que Gaia possa parir, será preciso que o filho mais jovem, Cronos, o tempo, castre o próprio pai. E da semente de Uranos, caída na espuma do mar, nasce também Afrodite, a deusa da beleza.

As conotações eróticas e as ressonâncias míticas do poema ironizam a afirmação poética de Kant, aprofundando sua plurivocidade. Na formulação kantiana, a imagem perceptiva do céu estrelado funciona como uma representação simplesmente estética ou reflexiva do acordo entre nossas faculdades de conhecimento e o real – acordo que surge da segunda visão, interna. O respeito da lei moral "em mim" é assim comparado à admiração diante da imensidão ordenada e harmônica do firmamento "sobre mim", isto é, ao respeito diante de uma representação reflexiva de uma finalidade da natureza.

No poema de Orides, o esquema se inverte: o "estrelado céu" está "dentro de mim" e, "cobrindo-me" num longo gerúndio, encontramos a "dura lei", isto é, a lei moral que funda e se funda sobre a liberdade. A plurivocidade do poema, bem mais aberta do que a da frase de Kant, nos leva a fazer conjecturas sobre os deslocamentos metafóricos operados pela poeta em sua releitura do texto filosófico. Nele, o céu estrelado não está "sobre mim", mas se encontra no interior do eu lírico que aparece portanto como uma nova Gaia engendrando Uranos. Mesmo que muito indireta, a alusão ao mito cria um paralelo entre a imagem fálica da "dura lei" e a representação do "céu estrelado" que, não mais se referindo à percepção sensível do espaço exterior ao "eu", constitui o que identificamos como uma "predicação impertinente", para retomar a fórmula usada por Ricoeur ao caracterizar a metáfora. Embora o trabalho da semelhança aí opere, não se trata de uma analogia que se poderia resolver numa substituição de termos, mas de um movimento complexo que nos leva da argumentação conceitual à intriga mítica e do mito novamente ao conceito. Vejo-me assim incitada a enunciar hipóteses interpretativas, produzindo ainda releituras da releitura proposta.

Talvez o céu estrelado de Orides seja uma metáfora para a beleza que, segundo Kant, corresponde ela mesma à metáfora da lei moral em nós. Se seguimos essa via interpretativa, devemos considerar que a forma bela, o próprio poema, se encontra em gestação no interior do "eu" – e a questão então se desloca: estaria no interior da poeta ou de sua leitora?

No poema, o "estrelado céu" não pode corresponder literalmente à realidade do espaço exterior, como em Kant, pois está "dentro de mim", apresenta-se assim explicitamente como metáfora. Representação metafórica da própria beleza que, segundo Kant, é ela mesma metáfora da lei moral em nós? Se seguimos esta pista, devemos considerar que a forma bela, simbolizada na própria forma do poema, não está fora, mas se encontra numa espécie de gestação, o que desloca ainda a interrogação: em gestação "dentro" da criação poética ou do processo de leitura do poema?

Ou quem sabe, em sua imensidão infinita que aponta justamente para os limites de nossa capacidade de pôr em imagem, talvez o estrelado céu metaforize aqui mais propriamente a desmesura do sublime que ao mesmo tempo alimenta e coloca em xeque a força e o desejo de dar forma. Afinal, como afirma a poeta em um texto intitulado "Poética. Uma – despretensiosa – minipoética",

> (...) o Belo não é suficiente, e nunca foi (...), mas é sagrado. Exatamente para o sublime com o qual começamos esse papo. Poemas só belos não são grandes, tem que se considerar o lado ético também. Poesia é arte – talvez a mais antiga da humanidade – e arte implica um impulso essencial para o mais alto, talvez para o ultra-humano. (...) Poucos alcançaram tal meta, eu muito menos, mas o impulso é que é essencial, é marca de autenticidade, de verdade poética. É, digamos, a "hybris" de poeta, mas é uma atitude necessária. (FONTELA, 2019, p. 32)

A um passo do pássaro, "Kant (relido)" visa essa meta inatingível, apontando o caráter fecundante da "dura lei", isto é, da esfera da liberdade, onde constelações são ideias. Ao evocar discretamente o mito de Gaia e Uranos na inversão irônica da frase de Kant, o poema inventa uma afinidade entre as figuras da "dura lei" e do "estrelado céu", entre a liberdade que fecunda e a gestação que constitui a fatura e a leitura do poema, ambas releituras.

REFERÊNCIAS

BLUMENBERG, Hans. *Teoria da não-conceitualidade*. Tradução e introdução de Luiz Costa Lima. Belo Horizonte: Editora UFMG, 2013.

CANDIDO, Antonio. "Prefácio". In: FONTELA, Orides, *Alba*. São Paulo: Roswitha Kempf Editores, 1983.

CASSIRER, Ernst. "Espace mythique, espace esthétique et espace théorique". In: *Ecrits sur l'art, Oeuves XII*. Tradução de Christian Berner. Paris: Cerf, 1995.

CASSIRER, Ernst. "Le problème du symbole et le système de la philosophie". In: Marc de Launay (Org.). *Néo-kantismes et théorie de la connaissance*. Tradução de Éric Dufour. Paris: Vrin, 2000.

DOLHNIKOFF, Luís. Introdução. In: FONTELA, Orides. *Poesia completa*. Organização de Luís Dolhnikoff. São Paulo: Hedra, 2015.

FONTELA, Orides. *Poesia completa*. Organização de Luís Dolhnikoff. São Paulo: Hedra, 2015.

FONTELA, Orides. *Toda palavra é crueldade*: depoimentos, entrevistas, resenhas. Organização de Nathan Matos. Belo Horizonte: Moinhos, 2019.

GONÇALVES, Roberta Andressa Villa. *Entre potência e impossibilidade*: um estudo da poética de Orides Fontela. Dissertação (Mestrado em Letras). Programa de pós-graduação em Literatura Brasileira, Universidade de São Paulo, São Paulo, 2014.

HESIODO. *Théogonie*. In: *Théogonie, Les travaux et les jours, Le Bouclier*. Tradução bilíngue de Paul Mazon. Paris: Les Belles Lettres, 2002.

KANT, Immanuel. *Crítica da razão prática*. Tradução e prefácio de Afonso Bertagnole. EbooksBrasil, 2004.

KÖNNIG, Christöph; WISMANN, Heinz (Orgs.). *La lecture insistante. Autour de Jean Bollack*. Paris: Albin Michel, 2011.

Os decassílabos ocultos em "Alvo", de Orides Fontela

Paulo Henriques Britto

Alvo

Miro e disparo:
o alvo
o al
o a

centro exato dos círculos
concêntricos
branco do a
a branco
ponto
branco
atraindo todo o impacto

(Fixar o voo
da luz na
forma
firmar o canto
em preciso
silêncio

– confirmá-lo no centro
     do silêncio.)

  Miro e disparo:
  o a
  o al
  o alvo.

O poema que acabamos de ler, publicado por Orides Fontela em *Helianto*, livro de 1975, utiliza a forma que podemos chamar de verso livre novo (VLN). O verso livre tradicional, introduzido na poesia moderna por Walt Whitman e muito utilizado na poesia lusófona nas primeiras décadas do século XX, caracterizava-se por versos longos e derramados, marcado por anáforas e paralelismos sintáticos, sempre com pausa no final. O que denominamos verso livre novo, que teve como um de seus principais inventores William Carlos Williams, é um verso geralmente curto e fracionado, com uso farto do *enjambement*. Uma maneira talvez mais precisa de descrever esse tipo de verso é dizer que nele há uma divergência muitas vezes radical entre o verso como unidade sonora e o verso como unidade gráfica. Assim, por exemplo, em "Alvo" o corte se dá muitas vezes no meio de um sintagma, como podemos ver, na terceira estrofe, em "o voo / da luz na / forma". Se o verso livre tradicional era essencialmente uma forma oral, cuja versão publicada era apenas o registro de uma performance, o verso livre novo não pode prescindir do suporte gráfico. Na verdade, esse tipo de poema só se realiza de modo pleno quando temos nas mãos o texto impresso e ao mesmo tempo ouvimos (ainda que apenas mentalmente) sua realização sonora. Boa parte dos efeitos desse tipo de poema se dá precisamente no confronto entre texto sonoro e objeto gráfico. O poeta que sabe utilizar bem os recursos do VLN utiliza a defasagem entre verso gráfico e verso sonoro como uma nova fonte de efeitos poéticos. Na poesia brasileira contemporânea, em que esse verso é largamente empregado, Orides Fontela é uma das mestras da forma.

Examinemos mais detidamente o poema em questão. O primeiro verso logo nos apresenta o sentido imediato do substantivo "alvo", dado pelas duas formas verbais "miro" e "disparo": é a acepção que surge na expressão "tiro ao alvo". Numa sequência de três versos, "o alvo" se reduz a "o al" e por fim a "o a". O sentido desta operação se explica na segunda estrofe. Nela, os dois primeiros versos gráficos apresentam o que é praticamente uma definição dessa acepção da palavra "alvo", mas justamente quando nos sentimos convencidos de que é só assim que devemos entender o termo, nos versos seguintes o adjetivo "branco" aparece três vezes, evocando uma outra acepção de "alvo". Porém "branco" aqui talvez não seja apenas adjetivo: o terceiro verso da estrofe, "branco do a", parece nos dizer que a palavra "alvo" se refere também à parte branca da letra <a>, que é uma espécie de núcleo vazio. O verso final da estrofe parece se referir ao mesmo tempo ao sentido de "alvo" dado no início do poema e também à outra acepção "de ponto branco contido no interior da letra <a>": o alvo atrai o impacto da flecha, mas também o branco da letra <a> atrai o impacto do olhar. Dessa maneira, o poema chama nossa atenção para seu aspecto gráfico, o fato de que ele é formado por palavras compostas de letras, algumas das quais contêm partes em branco, formadas pela ausência de tinta, que deixa transparecer a alvura do papel. Mais ainda: somos lembrados do fato de que as letras só podem existir em função dos espaços em branco que as constituem em parte: o branco no interior do grafema <a> é parte integrante da letra.

O primeiro verso da terceira estrofe, iniciado com um parêntese, é "Fixar o voo"; o parêntese parece indicar que nos vai ser apresentada uma definição de "alvo", título e motivo central do poema; a palavra "voo" mais uma vez nos faz pensar em flechas disparadas em direção a um alvo: é o alvo que fixa o voo, detendo o movimento da flecha. Mas neste ponto Orides utiliza o corte do verso para obter um efeito poético importante. Se a leitura de "voo" no primeiro verso nos faz pensar numa flecha que voa rumo a um alvo, o verso seguinte desfaz ou ao menos complica essa leitura inicial do verso interrompido: não se trata do voo de uma flecha e sim da luz; mas "luz" nos leva de volta à acepção de "branco", e à ideia de que a parte em branco da letra <a> fixa a trajetória do olhar, tal como o alvo detém o voo do projétil. Logo em seguida temos mais um *enjambement*, o qual introduz, como complemento de "luz", a palavra "forma", que por sua vez evoca, é claro, a própria ideia de forma poética, efeito de sentido reforçado quando a sequência de consoantes na palavra "forma" se repete no verbo "firmar" e esse verbo toma como objeto direto o sintagma "o canto". Mais uma vez, porém, a poeta nos prepara uma surpresa, pois a expressão que vai restringir o sentido de "firmar o canto" é "em preciso / silêncio", e a palavra "silêncio", que surge inesperadamente depois de mais um *enjambement*, num primeiro momento parece negar a ideia de som contida em "canto".

Os dois versos seguintes, que formam uma estrofe por si só e fecham o parêntese aberto com "fixar", combinam as duas acepções de "alvo": trata-se de um alvo de um projétil, sim, mas também é o branco que há no interior da letra, e além disso é o silêncio que há no centro do canto. Pois música não é uma estrutura composta apenas de sons, mas também de pausas, assim como o poema enquanto objeto sonoro é uma cadeia de sons entremeada de silêncios, assim como o poema como objeto gráfico é uma sequência de letras não apenas separadas às vezes por espaços em branco, porém elas próprias – como é o caso de <a> – em parte formadas pela ausência de tinta, pelo vazio. Por fim, na estrofe final, a operação de dissolução da palavra "alvo" até reduzir-se à letra <a> se repete em sentido contrário, e terminamos o poema com a palavra restituída à sua forma completa.

Até agora estamos fazendo uma leitura do poema que leva em conta seu aspecto semântico e a disposição das palavras em versos, e a dos versos na página. Façamos agora uma escansão possível do poema, ignorando a forma gráfica com que ele se apresenta, de modo a tentar reproduzir a sequência de versos sonoros, limitados por algumas das pausas naturais que seriam feitas na leitura:

Miro e disparo: o alvo o al o a	/ - - / [-]|| - / [-] || - / || - / ||	1-4-6-8-10
centro exato dos círculos concêntricos	/ - / - - / - - - / - - ||	1-3-6-10
branco do a a branco	/ - - / || \ / - ||	1-4-(5)-6
ponto branco atraindo todo o impacto	/ - / - - / - / - / - ||	1-3-6-8-10
(Fixar o voo da luz na forma	- / - / - - / - / - ||	2-4-6-9
firmar o canto em preciso silêncio	- / - / - - / - - / - ||	2-4-7-10
— confirmá-lo no centro do silêncio.)	- - / - - / - - - / - ||	3-6-10
Miro e disparo: o a o al o alvo.	/ - - / [-] || - / || - / || - / - ||	1-4-6-8-10

    A análise métrica nos leva a uma conclusão curiosa: o que, com base na forma gráfica, parecia ser um poema muito irregular revela-se uma sequência de oito versos sonoros quase todos tradicionais. Os dois primeiros são decassílabos heroicos, sendo o segundo a variante conhecida como "martelo-agalopado", com acentuação na terceira e na sexta sílabas. O terceiro é um hexassílabo, o chamado "decassílabo quebrado", que corresponde à primeira parte de um decassílabo heroico. O quarto é mais um martelo-agalopado; o quinto, com nove sílabas, é o único que escapa por completo do padrão decassilábico. Dos três versos sonoros que fecham o poema, o sexto é um decassílabo irregular, com acentuação na sétima sílaba; o sétimo, outro martelo-agalopado; e o oitavo é mais um heroico tradicional, que repete com exatidão a pauta acentual do verso que abre o poema.

    "Alvo" trabalha um dos temas fundamentais da produção de Orides Fontela: a centralidade da ausência, expressa como espaço em branco ou como silêncio; trata-se de um tema importante da poesia moderna, que remonta a Mallarmé.[7] O poema indica que o que fixa o canto é o

---

7. Penso, por exemplo, no poema "Sainte", analisado sob este ângulo por Luiz Costa Lima (1980) em *Mímesis e modernidade: forma das sombras*.

silêncio, o vazio, que está no seu centro. O formato em VLN chama a atenção para a aparência gráfica do poema, e para o fato de que há um vazio no centro da letra <a>. Mas apesar da aparência irregular do texto no plano gráfico, sua realização sonora deixa claro que sua matriz básica é o verso mais nobre da tradição lusófona: o decassílabo. Por trás da aparência de aleatoriedade vamos encontrar a mais equilibrada das formas poéticas. Para quem conhece a biografia de Orides Fontela, é tentador ver nessa combinação de caos externo com equilíbrio interior uma imagem do contraste entre o tumulto caótico da vida da poeta e a serenidade clássica de sua obra; mas talvez seja mais apropriado entender esse contraste como algo que se aplica não só ao caso Orides Fontela, porém à relação que há entre toda existência humana e toda criação artística.

REFERÊNCIAS

FONTELA, Orides. "Alvo". In: *Poesia completa*. Organização de Luís Dolhnikoff. São Paulo: Hedra, 2015.

LIMA, Luiz Costa. *Mímesis e modernidade*: forma das sombras. Rio de Janeiro: Graal, 1980.

A um passo do anti-pássaro: a poesia de Orides Fontela

Ivan Marques

A epígrafe de *Transposição*, livro de estreia de Orides Fontela, publicado em 1969, anuncia a motivação inicial da obra, a busca da transcendência, e também o seu limite, ou melhor, sua inevitável ambiguidade.

> A um passo de meu próprio espírito
> A um passo impossível de Deus.
> Atenta ao real: aqui.
> Aqui aconteço.

Não sendo um fragmento emprestado de outro autor, como em geral ocorre, essa epígrafe tem ainda o poder de sugerir o lugar solitário, fronteiriço e instável, em que se localiza a voz poética. Como observou Augusto Massi, "longe de ser índice de filiação, soa como ponto de partida, compreensão de si, marco zero" (MASSI, 1986). A singularidade de Orides no meio literário brasileiro, construindo isoladamente a trama de sua "solução pessoal", foi bastante reiterada pela crítica. Com efeito, o que talvez mais impressione o leitor nessas palavras iniciais é a imagem da poeta desbravadora, sentenciosa e até mesmo insolente – cujo espírito "selvagem" se cristaliza na elocução firme e na sonoridade aberta, quase estridente, efeito da repetição da vogal /a/ no interior e, sobretudo, no começo dos quatro versos.

A epígrafe se adequa perfeitamente ao título do livro, sintetizando numa pequena quadra duas acepções da palavra *transposição*. Ou seja, tanto o sentido da procura, além de um determinado limite, como o da metáfora, "(...) de uma linguagem que vai além de si mesma para dizer o outro, a outra coisa, a semelhança que está além: transposição da experiência para um outro plano" (ARRIGUCCI JR., 2005, p. 121).

A transposição – se não em ato, completa, ao menos enquanto direção ou ideal, conforme aponta a expressão "a um passo de" – seria, em seus primórdios, a súmula da poética oridiana. Exercício de elevação mística, o trânsito rumo ao conhecimento do ser, na visão da poeta, define a própria arte. Como esta implica, segundo ela, "(...) um impulso essencial para o mais alto", a poesia deveria ser vista como "(...) uma forma seríssima de se aproximar do ser, do real, da divindade" (FONTELA, 1997, p. 120). Diferente de outros signos, o símbolo poético reúne os elementos, aproxima-os numa unidade, promove uma espécie de reencontro com a origem. A exemplo de Clarice Lispector, Orides via a literatura como porta para atingir o "real", a essência das coisas. Acreditava que só os artistas poderiam sonhar com esse passo, mesmo sabendo-o impossível.

Depois de marcar profundamente a poética de *Transposição*, a expressão "a um passo de" retornaria mais uma vez em *Alba* (1983), terceiro livro da poeta. Numa das epígrafes, reaparecem, bastante modificados, os versos de abertura da coletânea inicial.

> A um passo
> do pássaro
> res
> piro.

A estrutura é semelhante: quatro versos dispostos em dois pares, o primeiro maior que o segundo. As palavras iniciais são as mesmas ("a um passo"), e o fragmento "res" (*coisa*, em latim) pode ser visto como eco do substantivo "real", ambos em posições similares, no terceiro verso de cada uma das composições. Mas há também mudanças que servem de amostra das experimentações de linguagem que começam a ocorrer na obra de Orides Fontela. A partir do segundo livro, *Helianto* (1973), os poemas trazem versos curtos, bruscamente cortados, às vezes formados apenas por uma palavra ou sílaba. A significação do poema passa a depender cada vez mais da maneira como os elementos são arranjados no espaço. Com essa fórmula mais sintética, a epígrafe de *Alba,* como observou Alcides Villaça (1992, p. 201), promove uma revitalização do sujeito, pois é "(...) imitativa da respiração suspensa ('res / piro'), a sugerir no ritmo a pulsão de um corpo tornado presente... aqui". Letícia Raimundi Ferreira (2002, p. 112) afirma que a condição do poeta é "(...) consumir-se, como coisa do mundo (*res, rei*) na luz/fogo (*pyr, pyrós*) de seu sentimento, sucumbir ao peso da realidade existencial, à queda e à divisão inevitáveis, visualmente configuradas na disposição espacial dos versos: res / piro".

Com efeito, a elevação (transposição) sugerida no primeiro par de versos sofre um forte contraponto no segundo. Depois do som imponente da vogal /a/, quatro vezes repetido, sobrévem, em paralelo com o encurtamento dos versos, o súbito fechamento causado pela vogal tônica /i/ no final da composição. É como se, ao movimento da ascese, sucedesse uma queda repentina, com a entrada em cena – em oposição ao pássaro – de um ser terrestre, corpóreo, escuro, limitado (um "anti-pássaro", conforme denominará mais tarde a poeta?). A epígrafe pesa como uma sentença e parece decretar o fim da ingenuidade que havia no primeiro livro.

Já em *Transposição*, o passo rumo à transcendência era dado como impossível. Na primeira epígrafe, o movimento seguia duas direções: uma próxima do além ("a um passo de"), a outra estacionada na posição inicial ("aqui"). Alcides Villaça viu nesse advérbio de lugar uma referência ao poema, o *locus* das palavras onde se dá o "acontecimento" da poesia. Mas também é possível interpretar a expressão "aqui aconteço" como revelação do tempo presente e do espaço terrestre (o mundo) habitado pelo eu lírico.

A poeta parece operar com duas concepções: o *real* como sinônimo do ser e da divindade, da qual o espírito religioso sonha aproximar-se, e o *real* no sentido mais corriqueiro do que tem existência verdadeira, de como as coisas realmente são, daquilo de que não se pode fugir. Tendo passado de católica fervorosa a descrente absoluta, Orides gostava de frisar a superação daquela "quase inefável intuição de estar 'a um passo de'". A um passo exatamente de quê? Comentário da poeta: "Sei lá, hoje estou a anos-luz" (FONTELA, 1991, p. 259).

Desde o início da obra de Orides, por força da ironia, que intercepta o voo lírico, o agigantado descai para os limites do humano e do concreto. É do que trata o poema "Torres", do primeiro livro, espécie de antítese do ideal figurado no título *Transposição*:

Torres

Construir torres abstratas
porém a luta é real. Sobre a luta
nossa visão se constrói. O real
nos doerá para sempre.

O poema impressiona pela lucidez do pensamento enunciado de modo preciso e descomplicado. Peça fortemente prosaica, resume-se a uma sentença, desdobrada em quatro versos sem metáforas, de modo lógico e assertivo. A clareza da denotação é uma forma de exprimir a aproximação ao *real* que, a despeito do título, constitui o foco principal do poema. O argumento apresentado em "Torres" parece uma resposta à antiga acusação que se move contra o filósofo e o poeta: seu hábito risível de viver nas nuvens ou no mundo da lua, ignorando o que se passa na terra. É também um desabafo contra a "torre de marfim" comumente associada aos poetas herméticos da modernidade, entre os quais se insere a nossa "aristocrata selvagem" (expressão utilizada pelo crítico Nogueira Moutinho).

O poema começa por admitir a verdade geradora do preconceito, isto é, a atitude de "construir torres abstratas". Ato contínuo, a adversativa "porém" introduz um breve arrazoado cuja armação tem um quê de silogismo, a última proposição funcionando como conclusão das duas primeiras (as premissas): se a luta é real, e sobre a luta se constrói "nossa visão", logo, "o real nos doerá para sempre". O *enjambement* cumpre a função de garantir a coesão do argumento pela leitura continuada dos versos. As reiterações da vibrante /r/, das oclusivas /d/ e /t/ e dos encontros consonantais /tr/, /br/ e /pr/ compõem em cadeia um efeito de travamento. Em "Torres", há total correspondência entre som e sentido, pois o poema fala precisamente de obstáculos, cuja existência as expressões "porém" e "para sempre" tornam ainda mais categórica.

O paradoxo de "construir torres abstratas", sabendo que "a luta é real", poderia ser associado à circunstância contraditória, que Orides sempre lembrava, de escrever poesia enquanto se é obrigado a "viver em prosa" (MARQUES, 2000). Mas essa seria uma leitura simplória do poema. Não se trata da oposição entre obra e biografia, mas da necessidade, sentida desde os primeiros poemas, de também aprender a poetar em prosa, ou de fazer poesia (abstração) sem esquecer a base concreta (a experiência) em que ela se assenta. O poema se chama "Torres", mas o que mostra é, se não a derrocada dessas estruturas elevadas, ao menos sua dependência ou desimportância em face da luta que é real. O lirismo pode parecer abstrato, mas a tarefa de construí-lo (e o verbo exprime com precisão a materialidade de todo o processo) não poderia ter como base o vazio. De acordo com Davi Arrigucci Jr. (2005, p. 119), "Orides não tende a uma abstração lírica para colocar a poesia nas nuvens. Ao contrário, ela puxa para o concreto e a revelação se dá no estar aqui que é problemático, doloroso, sofrido, despojado e neste movimento reside a força moderna da sua poesia".

A poesia pura e a arte abstrata também podem incorporar as feridas do real. É o que afirmam os versos materialistas do poema "Torres", negando o "esquema de distâncias" (expressão utilizada por Orides no poema "Elegia (1)", de *Helianto*), em favor de uma poética que assume a dimensão menor e mais dramática do lugar ocupado pela autora. No curso do poema "Torres", é fácil notar o adensamento sofrido pela palavra *real*. Surgindo como adjetivo, ela sofre um processo de substantivação. Se, na epígrafe de *Transposição,* a expressão "atenta ao real" provavelmente aludia à essência (divina) do ser, agora "o real" se converte numa espécie de símbolo da existência mundana. Real agora é a luta: base e alimento das abstrações líricas.

Na poesia de Orides Fontela, a par da tendência para o mais alto, existe o senso agudo dos desencontros e obstáculos que constituem o mundo real – um dos traços que a ligam de modo íntimo a Carlos Drummond de Andrade, assumidamente a sua principal influência. A respeito do trajeto de Orides, comentou Davi Arrigucci Jr. (2005, p. 121):

> Orides progrediu muito. Deu um salto extraordinário, superando o verso metrificado do soneto tradicional parnasiano. De repente, ela aprendeu o modernismo como Gullar e outros poetas posteriores. Ela aprendeu por intermédio da leitura dos modernistas. Sua evolução no domínio da linguagem se deve às leituras de nossos poetas.

"Geneticamente, sou drummondiana", afirmou Orides Fontela (MASSI, 1986). Com efeito, Carlos Drummond de Andrade é o poeta mais explicitamente lembrado e celebrado na obra oridiana. Ao todo, são sete homenagens: três poemas curtos, sempre com uma única estrofe, e um composto por quatro partes numeradas. Numa poesia tão contida, chama a atenção esse excesso de citações e paródias, convertendo a gênese ou filiação da autora num dos temas que compõem sua teia de recorrências.

Dentre as características da poesia drummondiana, a ironia certamente foi a que mais motivou a forte identificação sentida por Orides. "Gosto do Drummond tiro e queda", dizia a poeta, "aquele dos pequenos poemas que não sobra nada: destrutivos e impressionantes" (MASSI, 1986). O que mais lhe agradava eram as imagens fortes, definitivas, com as quais o poeta costumava encerrar as suas composições. Ao escolher fragmentos de sua obra, Orides dá preferência aos finais de poemas – fechos intrigantes como os de "O sobrevivente", de *Alguma poesia*, "Edifício Esplendor", de *José*, e "Morte no avião", de *A rosa do povo*. Duas vezes ela retoma o verso "uma flor nasceu", acontecimento inesperado que encerra os poemas "Áporo" e "A flor e a náusea". Da longa etapa modernista que se encerra em *A rosa do povo* – e não, como seria esperado, da fase "filosófica" iniciada com *Claro enigma* – é que foram extraídos todos os poemas parodiados por Orides. Além dos já mencionados, a lista inclui "Poema de sete faces" e "No meio do caminho", de *Alguma poesia*, "Soneto da perdida esperança", de *Brejo das Almas*, e "O boi", de *José*. Entre as várias faces do poeta, interessou-lhe apenas a modernista, o que está de acordo com a busca mais concreta do cotidiano que ocorre nos livros finais *Rosácea* e *Teia*, onde se concentram as homenagens.

Em Drummond, Orides escolhe o poeta modernista, cheio de *humour*, em pleno exercício da dicção coloquial, do verso livre, do poema--piada, de todos os rebaixamentos e provocações empregados com língua solta pelos escritores do modernismo – procedimentos que, embora modificados, perduram em sua produção até a década de 1940. A maior lição recebida foi a poética do vivido: "A poesia é o que é. Se eu não falei de amores nos meus poemas, posso me justificar como Drummond: 'É preciso fazer um poema sobre a Bahia, / mas eu nunca fui lá'. Não amei ninguém. Não escrevo sobre algo sem experiência a respeito, seria uma desonestidade intelectual. Eu falo do que conheço e do que vivi" (MASSI; QUINTILIANO; CANÇADO, 1989).

No itinerário poético de Orides Fontela, a atenção ao real se intensifica a partir do quarto livro, *Rosácea* (1986), considerado como o fim de uma fase. Embora sua principal característica ainda fosse o lirismo elevado – girando em torno da temática do ser, da poesia, da lucidez –, *Rosácea* já indica com clareza a disposição de estar mais perto do cotidiano e da memória pessoal, evocada diretamente no poema "Herança" por meio do parco relatório de bens que lhe teriam sido deixados pela família. Essa direção (que se anuncia, como vimos, desde a obra inicial) se tornaria ainda mais clara no último livro, *Teia*, publicado em 1996. O poema de abertura, em diálogo com João Cabral de Melo Neto, vale por um programa poético:

Teia

A teia, não
mágica
mas arma, armadilha

A teia, não
morta
mas sensitiva, vivente

> a teia, não
> arte
> mas trabalho, tensa
>
> a teia, não
> virgem
> mas intensamente
>   prenhe:
>
> no
> centro
> a aranha espera.

Em várias culturas, a aranha é associada com a criação do cosmo. Orides Fontela a apresenta logo na abertura de *Teia* como síntese do livro e de sua visão a respeito da criação poética, posta no intervalo entre a inspiração e o trabalho de arte. A imagem da aranha também alude ao problema social que a poeta, àquela altura, vinha desejando incorporar em sua obra, como esclarece em entrevista a Michel Riaudel (1998, p. 160): "O primeiro poema é de teia de aranha. Um animal bastante proletário, mas para que adotar animais aristocráticos? Eu sou proletária". Na aranha, o que mais interessa a Orides é sua materialidade, o processo mesmo da tecelagem, numa palavra, sua ligação forte com a ideia de *trabalho*. Esse é o "centro" de onde irradiam os temas e as preocupações do último livro. Trata-se de algo novo e ao mesmo tempo enraizado na obra anterior, como indicam, desde *Transposição*, os inúmeros poemas sobre telas, tramas, tranças e tecidos. Podemos mesmo eleger a tecelagem – o trabalho – como grande símbolo da poesia de Orides. Nessa teia poética, lentamente constituída ao longo de três décadas, os símbolos se repetem, os fios são continuamente retomados, os versos, sempre refeitos. O valor individual das composições é suplantado pela força da armação coletiva.

Na construção do poema "Teia", usando um procedimento muito comum na antilírica de João Cabral (e também na prosa "ensaística" de Clarice Lispector), a poeta acumula uma série de tentativas de definição de seu tema. As quatro primeiras estrofes possuem o mesmo sujeito, "a teia", símbolo do trabalho poético. A sintaxe segue também o mesmo padrão, com a presença em cada estrofe de duas predicações: uma negativa, dada por um adjetivo ou substantivo isolado ("mágica", "morta", "arte", "virgem"), e a outra com valor afirmativo, iniciando sempre pelo vocábulo "mas". Nas três primeiras estrofes, cada uma com três versos, essa conjunção é seguida de um par de nomes ("arma, armadilha", "sensitiva, vivente", "trabalho, tensa"), duplicação que amplia esses valores positivos. Na quarta estrofe, ocorre uma variação sintática e rítmica: o número de versos aumenta de três para quatro e, em vez de duas, surge uma única qualificação afirmativa ("prenhe"), agigantada pelo advérbio "intensamente". Essa quebra prepara a surpresa da estrofe final, em que ocorre a aparição de um sujeito distinto, embora previsível, "a aranha", e do único verbo de todo o poema, "espera". Embora só apareça no último verso, a aranha é o "centro" do poema. Sua entrada não é repentina, mas engenhosamente anunciada nas estrofes anteriores, seja pela suspensão do paralelismo e do ritmo, seja pela recorrência da sílaba "ar" ("arma", "armadilha", "arte") e de suas variantes "or" e "ir" ("morta", "virgem"), preparando os ouvidos para a chegada da personagem central.

O que espera a aranha? A germinação de um fruto (o poema)? A visita de um leitor? A tensão e a atenção que caracterizam o trabalho poético também serão exigências feitas aos leitores que se deixarem prender pela teia. Calma e paciência – eis as condições necessárias para a boa fruição da poesia. A espera constitui, pois, o princípio básico da poética oridiana. Em seus depoimentos, a autora dizia pertencer à família dos poetas inspirados, limitando-se a anotar os versos que lhe apareciam já prontos. Achava-se incapaz de escrever ao modo racional de João Cabral de Melo Neto. Para ela, poesia não era *cosa mentale*. De maneira cômica, dizia: "Se eu acreditasse que poesia é trabalho, eu não faria poesia, porque eu não gosto de trabalhar" (MARQUES, 2000).

No ensaio "Poesia e composição", de 1952, João Cabral considerou predominante na literatura brasileira daquele tempo o conceito de inspiração, isto é, "a atitude do poeta que espera que o poema aconteça, sem jamais forçá-lo a 'desprender-se do limbo'". Segundo ele, para esses poetas a composição seria "o ato de aprisionar a poesia no poema", "o momento inexplicável de um achado", enquanto outros, entre os quais se incluía, preferiam vê-la como atividade intelectual e árdua "procura" (MELO NETO, 1994, p. 723-732). Nos versos de Orides Fontela, porém, a aranha não pratica simplesmente a espera passiva. Da leitura do poema depreende-se toda uma estratégia armada, uma conjugação de esforços a transformar a espera em algo mais agressivo – a espreita, a caça, ou seja, algo menos próximo da inspiração do que de uma "luta corporal" com as palavras. A espera seria um modo de exprimir a "procura da poesia".

A valorização insistente da inspiração poderia ser vista como uma forma irônica encontrada por Orides para explicar o "milagre" de sua poesia ter nascido em meio à indigência material e cultural? Se a vida para ela mostrava-se tão distante da poesia, esta só poderia ter vindo de outro lugar, produzida por algum "fator exterior" – o inconsciente, as musas ou "o que diabo for" (RIAUDEL, 1998, p. 161). Porém, enquanto isso, nos poemas, afirmava-se a ideia contrária do poeta como fabricante, fazedor, apoiada na reiteração de motivos ligados ao trabalho como a tecelagem, a caça e a agricultura: "Com as mãos nuas / lavrar o campo", afirma Orides, já em seu primeiro livro, no poema "Mãos". Sobretudo, ela gostava de enfatizar seu temperamento antirromântico. Queria recusar a longa tradição sentimental e retórica da poesia em língua portuguesa, nisso seguindo de perto a lição de João Cabral de Melo Neto.

A oposição entre o fortuito e o previsto já havia sido apresentada pelo poeta pernambucano em "Psicologia da composição", de 1947, momento de radicalização de sua poética construtiva. Eis a sexta parte do poema, da qual Orides aproveita não só a sintaxe das predicações negativas (coroadas por um enunciado positivo), mas sobretudo o símbolo da aranha:

Não a forma encontrada
como uma concha, perdida
nos frouxos areais
como cabelos;

não a forma obtida
em lance santo ou raro,
tiro nas lebres de vidro
do invisível;

mas a forma atingida
como a ponta do novelo
que a atenção, lenta, desenrola,

aranha; como o mais extremo
desse fio frágil, que se rompe
ao peso, sempre, das mãos
enormes.

"Teia" constitui um tributo à estética cabralina, por meio do qual Orides reafirma – como João Cabral em tantas homenagens a outros artistas – a concepção depuradora e negativa que ela própria possuía da arte poética. Em vez da espera passiva de poema caído do céu, "Teia" propõe, tal como "Psicologia da composição", a armação de uma estratégia baseada em cálculo, método, atenção e paciência. Assim, a teia de Orides pode ser vista como um simulacro da oficina poética cabralina – teia não puramente racional, mas "sensitiva, vivente", símbolo da "vida que se desdobra / em mais vida", ideia recorrente em diversas passagens da obra de João Cabral a partir de *O cão sem plumas*. Esse parentesco era refutado com veemência pela poeta, mas acabou sendo reconhecido em várias passagens de *Teia*, sobretudo num dos poemas mais longos da coletânea, "João", no qual aparece a figura do "pássaro-operário", empenhado em cumprir "o duro / impuro / labor: construir-se". Ironicamente, porém, a imagem do humilde joão-de-barro, de modo análogo à da aranha proletária, enfatiza a fragilidade do "construtivismo lírico" de Orides Fontela.

Como escreveu João Cabral, os poetas que valorizam o "trabalho de arte" (não confundir com a "arte" recusada por Orides, que certamente alude a outros significados da palavra, como o dom, a travessura ou a beleza que se pretende perfeita, sendo ainda talvez uma referência ao artesanato rebuscado de poetas como os da geração de 45) acabam por convertê-lo na "origem do próprio poema". A preponderância dada ao "ato de fazer", segundo o autor de *O engenheiro*, "termina por erigir a elaboração em fim de si mesma" (MELO NETO, 1994, p. 733-735). Nos versos de "Teia", podemos ver a mesma concepção do trabalho como "fonte da criação". O que a aranha espera não é o acaso, mas o cumprimento de uma intenção fortemente armada. A sedução da presa é o produto de um cálculo, o efeito de uma estratégia, o corolário de um esforço.

Ao longo do poema, como vimos, há um paralelismo rítmico suspenso na passagem da quarta para a última estrofe, na qual surge imperiosa – e não só esperançosa – a figura central do poema. Nas estrofes ímpares, a criação poética é relacionada à razão e ao trabalho, negando-se os excessos apontados como magia e ornamentação. Nas pares, ela surge como criação orgânica, ligada aos motivos da gravidez e da vida, que se opõem às ideias da virgindade e da morte, isto é, o desuso e o esquecimento em geral associados à teia de aranha. O processo de gestação reaparece em mais dois poemas de *Teia*. Em "Casulo" se canta a "borboleta futura", "oculto trabalho do sono". Em "Maiêutica" a homenagem a Sócrates também se converte em metalinguagem: "Gerar é escura / lenta / forma in / forme // gerar é / força / silenciosa / firme // gerar é / trabalho / opaco: // só o nascimento / grita". É fácil notar como o nascimento (o fruto) interessa menos que a gestação lenta e silenciosa. Em "Teia", de modo semelhante, a expectativa produzida pelo adjetivo "prenhe", seguido dos dois pontos – sequência que encerra a penúltima estrofe, preparando o clímax da composição –, não anuncia o poema enfim nascido ou aprisionado, mas o surgimento triunfal da criatura que pacientemente o espera.

Na camada sonora, além da mencionada repetição da sílaba "ar", há outras recorrências tramando fios ao longo da composição. Aparecendo quatro vezes, a sílaba "ma" é uma reiteração importante e forma com a primeira um par significativo ("ar-ma"), que prolonga a imagem inicial do poema ("arma, armadilha"). Paralelamente, a repetição da consoante /t/, presente no título e na quase totalidade dos versos, e do fonema nasal /en/ ("sensitiva", "vivente", "tensa", "intensamente", "virgem", "prenhe", "centro"), reforçam as ideias de luta, dificuldade, reiteração do esforço. Ecos, assonâncias e aliterações constroem materialmente a imagem do trabalho contínuo, ininterrupto, incansável. No último verso, desaparecem tanto a consoante /t/ quanto o som nasal /en/, que é substituído pela vogal aberta /é/ – "a aranha espera". Nesse desenlace, dissolve-se a tensão acumulada no poema.

A espera da aranha coincide com a da tecelã Penélope e se espalha por toda a obra de Orides. Além dos que tratam da tecelagem, há um conjunto marcante de poemas que gravita em torno da caça, constituindo todos uma certa pedagogia da espera, da vigilância, da atenção: "Miro e disparo: / o alvo / o al / o a" ("Alvo"); "Reteso o arco e o / sonho / espero: // nada mais é preciso" ("Odes"); "Astúcia e tempo / (paciência armada)" ("Caça"); "O / leque / fechado: / espera" ("Poemas do leque"); "Momento / pleno: / pássaro vivo / atento a" ("Vigília") etc. De acordo com Flora Süssekind (2002, p. 334), a caçadora e a tecelã são as duas máscaras usadas pelo eu lírico: "Ora Diana, espécie de sujeito oculto mítico dos poemas de caça, com arcos tesos, mira pronta, capturas. Ora explícita Penélope, tecendo e desfazendo logo depois objetos necessariamente inconclusos, sempre em processo de desmontagem". Como vimos, ambas as *personae* estão encarnadas no símbolo da aranha.

Outra poética centrada na figura de um animal exemplar pode ser lida em "Coruja". Nesse poema de *Rosácea*, a criação artística é descrita como atividade a um só tempo racional e sensível – "trabalho opaco", lento e silencioso:

Coruja

Voo onde ninguém mais – vivo em luz
                                 mínima
Ouço o mínimo arfar – farejo o
                                 sangue

e capturo
a presa
em pleno escuro.

    Ave noturna, de voo silencioso, a coruja simboliza a reflexão que domina as trevas. A exemplo da aranha, é um bicho sinistro, matreiro, ardiloso. A afinidade com a coruja foi explicada por Orides com um argumento parecido ao da "aranha proletária": "Se eu fosse escolher um pássaro totem, do jeito que eu sou, com óculos e pobre, coruja mesmo" (MARQUES, 2000). Com efeito, facilmente lhe caberiam as acepções populares do termo "coruja", não apenas o sentido de "mulher feia e de idade avançada", mas também o da pessoa que demonstra admiração por sua cria – narcisismo de que são exemplares a aranha no centro da teia e, sobretudo, a coruja que desfia suas habilidades de caçadora. Para Davi Arrigucci Jr. (2005, p. 115), o poema contém ainda "(...) a agressividade sem peia que também é propriedade dela". Segundo o crítico, a coruja seria uma representação da lucidez destrutiva que era um dos fatores de qualidade da sua lírica, materializando-se no descarnamento das coisas. Acrescentemos que "Coruja" é uma das melhores indicações da "atenção ao real" e do hábito de "farejar sangue", radicalizados pela poeta em sua última fase.
    Na primeira estrofe, quatro orações se sucedem com efeito cumulativo, indicando a aproximação obstinada rumo ao alvo, o cerco realizado em várias frentes. O paralelismo sintático e a pontuação marcada por travessões e *enjambements* reproduzem o movimento da procura. Como em *Teia*, aqui também temos o efeito de uma ação continuada, que obtém o esperado desenlace. A segunda estrofe descreve a captura da

presa, enunciada de modo seco numa única oração, dividida em três versos breves, que por sua vez também revelam materialmente – por meio da fragmentação do discurso e da aliteração das consoantes /p/ e /r/ – a surpresa do ataque e o triunfo da caça, a ponto de quase sentirmos a violência da trituração.

Ao contrário da teia silenciosa que se constrói sem nenhum verbo, "Coruja" é um poema cheio de ações, todas comandadas pelo poderoso *eu* da poeta caçadora. O processo é racionalmente controlado, mas sua vitória depende em última instância da presença forte e conjugada dos sentidos (visão, audição, olfato). A esse respeito, que se recorde o paradoxo observado por Haquira Osakabe (2002): os poemas de Orides são cerebrais, tangenciam a abstração, mas é menos pela razão do que pelos sentidos que eles chegam ao leitor. Em sua procura final pela concretude, a autora passou a ressaltar ainda mais a dimensão corpórea e sensorial do poema. Segundo ela, "Coruja" seria um dos paradigmas dessa proposta: "A ideia está expressa numa coisa mesmo. Aquilo é imagem com bastante concreção. Isso não anda lá muito fácil de conseguir não" (RIAUDEL, 1998, p. 150).

Entre os poderes da coruja, destaca-se a capacidade de sobreviver na míngua e no escuro ("vivo em luz mínima"), chegando a mover-se em lugares inóspitos, nas moradas obscuras da terra. A afirmação inicial, "voo onde ninguém mais", poderia ser vista como uma alusão às alturas frequentadas pela poesia. Porém, as habilidades mais impressionantes são mesmo a atenção do animal e sua resistência em contextos de limitação. A despeito da altivez, "Coruja" evidencia o reconhecimento humilde da contingência.

Ao longo do poema, acumulam-se as restrições – "ninguém mais", "luz mínima", "mínimo arfar", "pleno escuro" –, ecoando mais uma vez a campanha de João Cabral em favor da expressão seca e sintética, reduzida ao "espinhaço", conforme exprime no poema "Graciliano Ramos:", do livro *Serial,* de 1961: "Falo somente com o que falo: / com as mesmas vinte palavras / girando em redor do sol / que as limpa do que não é faca...". Esse manifesto ético e estético, em que se misturam as vozes de Cabral e Graciliano, foi também "imitado" por Orides em *Teia*.

Fala

Falo de agrestes
pássaros   de sóis
    que não se apagam
    de inamovíveis
    pedras

    de sangue
    vivo de estrelas
    que não cessam.

Falo do que impede
o sono.

    A exemplo dos autores de *Vidas secas* e *Morte e vida severina*, Orides Fontela só pretendia cultivar "o que é sinônimo da míngua". Embora não tenha nascido na mesma paisagem, seu cotidiano rústico e "selvagem" estava muito próximo da "condição caatinga" revelada pelos dois nordestinos. No trato social, era agreste e agressiva como um Fabiano – alheia como ele às convenções da cidade. Para além da lição sobre o trabalho poético, Orides também extraiu de João Cabral uma orientação útil para o seu projeto de buscar a concreção das imagens. Como o poeta pernambucano, ela se tornou cada vez mais atenta à necessidade de "falar com coisas" (título de um poema do livro *Agrestes*, publicado nos anos 1980 por João Cabral).
    Porém, se atentarmos bem, não é só a voz cabralina que se escuta nos versos de "Fala". O poema em homenagem a Graciliano serviu de base para a composição de Orides – espécie de imitação às avessas, cabralina no tema, mas não na forma e na métrica irregulares –, mas nela se encaixam referências a outros autores: Drummond ("inamovíveis pedras"), Manuel Bandeira ("estrelas que não cessam") e possivelmente Clarice Lispector ("sangue vivo"). Orides Fontela é o "pássaro agreste", procurando, como eles, despertar "sono de morto". Como a deles, a sua

palavra também quer ser "sol estridente" – expressão de João Cabral que corresponde à "luz impiedosa" de um famoso poema de *Transposição*, batizado igualmente de "Fala":

Fala

Tudo
será difícil de dizer:
a palavra real
nunca é suave.

Tudo será duro:
luz impiedosa
excessiva vivência
consciência demais do ser.

Tudo será
capaz de ferir. Será
agressivamente real.
Tão real que nos despedaça.

Não há piedade nos signos
e nem no amor: o ser
é excessivamente lúcido
e a palavra é densa e nos fere.

(Toda palavra é crueldade.)

Observem-se as várias espécies de lutas referidas por esses versos: a luta com as palavras, o embate com o real, a violência contra o leitor... Segundo Álvaro Alves de Faria, esse poema apresenta, já no primeiro livro de Orides, "a revelação de toda sua obra poética" (FARIA, 2006). A crueldade – palavra-chave – aparece não só nas duras afirmações do poema, mas também no modo radicalmente assertivo como elas são feitas, com uma artilharia de pronomes indefinidos e totalizadores ("tudo", "toda") e advérbios de intensidade ("tão", "demais", "agressivamente", "excessivamente"), a afastar para longe qualquer possibilidade de alívio ou concessão. Dureza, luminosidade, densidade, agressividade – esses atributos essenciais da "palavra real" de Orides Fontela não fazem lembrar os valores poéticos de João Cabral de Melo Neto? Em outro poema de *Transposição*, "Núcleo", ela propõe ao modo cabralino uma pedagogia da pedra ("aprender a ser terra / e, mais que terra, pedra") que pudesse trazer "a palavra definitiva", "áspera e não plástica".

A crueldade contra o leitor consiste em despertá-lo do sono que "oblitera o real", conforme exprime o poema "Acalantos", igualmente do livro de estreia. A atenção ao real e, mais que isso, a importância de ser "agressivamente real", postuladas com firmeza desde *Transposição*, se radicalizam no último livro. A luz ácida desse instante final levou a poeta a apurar os ouvidos para a escuta dos ruídos do mundo – o "grande rumor" cristalizado na figura do trabalho, onipresente em *Teia*, conforme já se observou (CANÇADO, 1996). Atenta ao mundo, a palavra poética de Orides Fontela termina por alinhar-se à melhor tradição realista e crítica de nossa literatura, revelando-se não um acalanto – "a palavra real / nunca é suave" –, mas um acre despertador.

"Eu assassinei a palavra / e tenho as mãos vivas em sangue" – escreveu a autora também em seu livro de estreia, no poema intitulado "Rosa". Assassinar a palavra equivale a contaminá-la com as marcas do real. Esses versos impactantes são uma boa síntese da presença, desde a primeira poesia de Orides Fontela, de um tema insidioso e obsedante: o sangue. No poema "Cisne", de *Alba*, a poeta escreve: "a palavra fere / o branco / expulsa a presença e – humana – é esplendor memória / e sangue". Na orelha de *Trevo*, Antonio Candido qualifica como violenta essa criação poética que se dá como rompimento da pureza expressa no branco do papel – "(...) violência que dá nascimento a algo poderoso como a vida, que como ela palpita uma nova presença de sangue" (CANDIDO, 1988). Aparentemente limpa, a lírica de Orides contém nos seus diversos momentos, do primeiro ao último livro, essa corrente subterrânea e escura, a perturbar continuamente a pureza da superfície. Dela é que afloram, inesperadas, as imagens do sangue. Davi Arrigucci

Jr. (2005, p. 115) identificou aí a interferência explosiva da "paixão do vivido", brotando no meio de toda a abstração.

Nas páginas iniciais de *A hora da estrela* – livro do qual Orides extraiu "Fatos", um dos poemas do livro *Teia* –, Clarice Lispector (1999, p. 12) promete ao leitor uma narrativa exterior e explícita, de onde "(...) até sangue arfante de tão vivo de vida poderá quem sabe escorrer". A expressão "sangue vivo" aparece mais de uma vez na poesia oridiana. Veículo da vida e das paixões, o sangue corresponde ao calor vital e corporal, em oposição à incorporeidade da luz, que representa o espírito (CHEVALIER; GHEERSBRANT, 2008, p. 800). Nas festas profanas de celebração da vida, é indispensável o líquido vermelho: "Para os anjos / a água. Para nós / o vinho encarnado / sempre", dizem os versos de "Bodas de Caná", de *Alba*. A pureza da água, assim como o branco da aurora, não é capaz de exprimir a natureza encarnada do ser – e por essa razão a autora desistirá de simplesmente "dar água", como a moça do poema "Rebeca", de *Transposição*, para buscar o "sangue do ser" (expressão usada, no mesmo livro, em "Acalantos").

No poema "Alba", da coletânea de mesmo título, assistimos ao dramático encontro entre a "luz" e a "carne" ou, se quisermos, entre o "branco" e o "sangue". O embate arma-se, portanto, desde as primeiras luzes da manhã, isto é, desde o nascimento da vida, em cujo curso as feridas ligadas ao sangue deverão fatalmente irromper. Não nascemos para outra coisa que não a violência do sangue – para "receber o sangue / de todas / as coisas", como repete de modo enfático o poema "Toalha", de *Teia*. Percorrer a obra de Orides Fontela é perceber, desde o começo, a consciência dessa impossibilidade de "elidir o sangue" (conforme a expressão do citado poema "Rosa"), que se adensará nos livros finais. Em *Rosácea*, o poema "Anti-gênesis" parece negar drasticamente o que ainda havia, até *Alba*, de idealização. É o momento em que "a escuríssima / água / bebe / a / luz", criando, em pleno nascedouro da vida, a imagem aterrorizante da "vida finda", da existência escura e impura, da qual se oferece como espelho um lirismo manchado de sangue.

Compreendida como pureza ou abstração, a poesia ficaria muito distante desse ponto vertiginoso em que, alheio à forma instaurada, "custa o sangue a pressentir o horizonte", como se lê em "Aurora (II)", de *Transposição*. O poeta entregue ao sublime corre o risco de praticar uma indiferença comparável à das "Leis" que "olham do alto", "além do instante e do sangue" (versos de "Marca", também do primeiro livro). A oposição entre alto e baixo é recorrente. No poema "Voo (II)", de *Helianto*, a par da escalada rumo ao "branco / cume perfeito", também acompanhamos o olhar que se dirige para "a terra muito / abaixo", "muito abaixo o odor / do sangue".

Desprendendo-se cada vez mais das alturas, o sujeito poético buscará com frequência desvelar esse abismo – o sangue – que na poesia de Orides simboliza todo o território do humano: a carne, o tempo, o real, a memória. Também em *Helianto*, o poema "Odes" recomenda que se dê ao verbo o seguinte tratamento: "embebê-lo de denso / vinho", transformá-lo em "sonho vivido desde sempre / – real buscado até o sangue". No poema "Prometeu", de *Alba*, a própria Lei, antes indiferente, "desce e / busca / o Sangue". No mesmo livro, os versos de "Centauros" definem a memória como "rito do / sangue". O deslocamento social está ligado ao reconhecimento de uma "cicatriz" deixada pelas origens – "o sangue / agora / estigma", diz o poema "Memória", de *Teia*.

Essa poderosa força de gravidade terá o efeito de puxar tudo para seu plano subterrâneo. Pássaros voltarão à terra para descortinar o abismo do sangue – como o pássaro arcaico do poema "Gênesis", de *Helianto*, ou a mencionada coruja de *Rosácea* ("farejo o sangue"). Voos serão continuamente interrompidos para que se contemplem os pousos e repousos desses pássaros menos celestes do que agrestes, como se vê no seguinte poema de *Teia*:

Ditado

I
Mais vale um
pássaro
na mão pou
    sado

que o voo da
ave além
do sangue.

II
Mais vale o
canto
agreste
do que o vívido
silêncio branco
além do humano
sangue.

III
Mais vale a
luz
aberta
do que austera
noite primeva para além
do sangue.

IV
Mais vale o
pássaro
mais vale o
sangue.

    O que se pretende nesses versos não é corrigir a sabedoria popular, na esteira do que fez Chico Buarque na canção "Bom conselho". O objetivo da poeta é reler e refazer a si própria. Como é habitual, "Ditado" remete diretamente a outros poemas de Orides, como "Pouso", de *Transposição*, "Elegia (I)", de *Helianto*, e "Pouso (II)", de *Alba*. Trata-se sempre de uma oposição entre voo e pouso, com nítida valorização do segundo termo. Os itens da primeira série – o pássaro pousado, o canto agreste, a luz aberta – valem mais por sua proximidade em relação à terra e ao sangue (pois a luz, neste caso, está ligada ao calor dos corpos e não à abstração espiritual). Já os elementos da segunda lista – o voo do pássaro, o silêncio branco, a noite primeva – são desqualificados por sua localização em lugares distantes, "para além do sangue".

"Para que serve o pássaro?", perguntava a poeta em "Elegia (I)", poema incluído em *Helianto*, mas publicado pela primeira vez em 1965 no jornal *O Município*, de São João da Boa Vista:

> Mas para que serve o pássaro?
> Nós o contemplamos inerte.
> Nós o tocamos no mágico fulgor das penas.
> De que serve o pássaro se
> desnaturado o possuímos? (...)

Agora, em "Ditado", ao afirmar que "mais vale / o pássaro", ela parece desprezar de vez o lirismo alado – o pássaro sem peso decantado pela poesia simbolista –, em favor da poesia pousada na terra. O "canto agreste", que agora se reverencia, só poderia partir desse pássaro, sequioso de sangue, que em *Teia* será batizado de "anti-pássaro" (nome de uma das seções mais importantes do livro). Um pássaro meio serpente, colado à terra, circulando, como a poeta, na feiura do lixo urbano. Despojando-se de todo romantismo, Orides Fontela escolherá o abismo em lugar do cume e descerá das alturas para buscar o sangue. Nesse gesto dramático, e não no impulso para a transcendência, talvez tenha se cumprido a sua mais profunda e urgente verdade poética.

REFERÊNCIAS

ARRIGUCCI JR., Davi. "Na trama dos fios, tessituras poéticas" (depoimento a Cleri Aparecida Biotto Bucioli e Laura Beatriz Fonseca de Almeida). *Jandira*, n. 2, 2005.

CANÇADO, José Maria. "A eutanásia da biografia". *Folha de S. Paulo*, 12 de maio de 1996.

CANDIDO, Antonio. "Prefácio". In: FONTELA, Orides. *Alba*. São Paulo: Roswitha Kempf Editores, 1983.

CANDIDO, Antonio. "Orelha". In: FONTELA, Orides. *Trevo*. São Paulo: Duas Cidades, 1988.

CHEVALIER, Jean; Gheersbrant, Alain. *Dicionário de símbolos*. Tradução de Vera da Costa e Silva e outros. Rio de Janeiro: José Olympio, 2008.

FARIA, Álvaro Alves de. "Tristeza difícil de apagar". *Rascunho*, n. 77, 2006.

FERREIRA, Letícia Raimundi. *A lírica dos símbolos em Orides Fontela*. Santa Maria: Associação Santa-Mariense de Letras, 2002.

FONTELA, Orides. *Poesia reunida (1969-1996)*. São Paulo: Cosac Naify; Rio de Janeiro: 7 Letras, 2006.

FONTELA, Orides. "Nas trilhas do trevo". In: MASSI, Augusto (Org.). *Artes e ofícios da poesia*. Porto Alegre: Artes e Ofícios, 1991.

FONTELA, Orides. "Uma – despretensiosa – minipoética". *Cultura Vozes*, n. 1, ano 91, 1997.

FONTELA, Orides. "Sobre poesia e filosofia – um depoimento". In: PUCHEU, Alberto (Org.). *Poesia (e) filosofia*. Rio de Janeiro: 7 Letras, 1998.

FONTELA, Orides. *Alba*. São Paulo: Roswitha Kempf Editores, 1983.

MARQUES, Ivan. *Orides*: a um passo do pássaro (documentário). São Paulo: TV Cultura, 26 de maio de 2000.

MASSI, Augusto. "Uma obra feita em espiral". *Folha de S. Paulo*, 9 de agosto de 1986.

MASSI, Augusto; QUINTILIANO, Flávio; CANÇADO, José Maria. "Poesia, sexo, destino: Orides Fontela". *Leia Livros*. São Paulo, 23 de janeiro de 1989.

MELO NETO, João Cabral de. "Poesia e composição". In: *Obra completa*. Rio de Janeiro: Nova Aguilar, 1994.

OSAKABE, Haquira. "O corpo da poesia. Notas para uma fenomenologia da poesia, segundo Orides Fontela". *Remate de males*, n. 22, 2002.

RIAUDEL, Michel. "Entretien avec Orides Fontela". In: *Le conte et la ville*: études de littérature portugaise et brésilienne. Paris: Presses de La Sorbonne Nouvelle, 1998.

SÜSSEKIND, Flora. "Seis poetas e alguns comentários". In: *Papéis colados*. Rio de Janeiro: Editora UFRJ, 2002.

VILLAÇA, Alcides. "Símbolo e acontecimento na poesia de Orides". *Novos Estudos CEBRAP*, n. 34, 1992.

Aos pulos: deslocamentos na teia com Orides Fontela. Poesia brasileira contemporânea escrita por mulheres

Susana Scramim

Poesia e filosofia. Verso e prosa

O pensamento está para a prosa e a paixão para o verso. Esta é uma afirmação tão complexa como dizer que a poesia de Orides Fontela é produzida por um ponto de vista feminino. Os problemas que estão na órbita do que seja o feminino conduzem ao impasse de sua definição, o mesmo acontecendo com as de prosa e verso e com a impossibilidade de se separar em definições precisas a filosofia da poesia. Os intentos de definição de cada um desses pares conceituais ancoram-se – sob prismas distintos – nos diferentes modos de definir o "sujeito" e, em especial, o "sujeito lírico". Desse modo, uma questão se coloca para o analista dos poemas de Orides Fontela: como elaborar uma definição de sujeito feminino na produção de uma poesia que insiste em se retirar do jogo discursivo entre "eu" e "tu" e, nesse sentido, que nega a qualidade discursiva do verso? A questão inicial se desdobra em outra: como pensar essa negação em um texto que se quer racional, portanto, discursivo e, simultaneamente, não discursivo? De outra parte, como elaborar uma definição de verso e de frase prosaica se o modo de operar o discurso produz incessantemente deslocamentos de sentido sem nunca os estabilizar?

No primeiro livro de poemas de Orides Fontela, *Transposição* (1969), o poema "Fala" abre a segunda parte, cujo título é um sinal negativo entre parênteses (–); nele é possível encontrar uma exposição do impasse a que me refiro:

Fala

Tudo
será difícil de dizer:
a palavra real
nunca é suave.

Tudo será duro:
luz impiedosa
excessiva vivência
consciência demais do ser.

Tudo será
capaz de ferir. Será
agressivamente real.
Tão real que nos despedaça.

Não há piedade nos signos
e nem no amor: o ser
é excessivamente lúcido
e a palavra é densa e nos fere.

(Toda palavra é crueldade.)

(FONTELA, 2006, p. 31)

É interessante notar que o último verso do poema seja uma frase sem o corte e sem a "ideia" do indecidível do *enjambement*, e que, por isso, tem o tom afirmativo e o dom de um filosofar com martelo, "(Toda palavra é crueldade.)". Paradoxalmente, este verso declara e assume que encontrou seu próprio fim. Quando Giorgio Agamben (2014) analisa, no ensaio "O fim do poema", a indecisão entre o verso e a prosa, entre a filosofia e a poesia, detecta que o próprio poema estabelece a possibilidade desse fim, pois para ser verso tem que admitir ou não (nesse caso, abrindo-se para a prosa) a tensão entre som e sentido, entre sintaxe e semântica, bem como lidar com a possibilidade de que esse desafio não seja enfrentado, encontrando-se, a partir disso, com seu fim. Nesse ambiente, portanto, o verso deixaria de atuar como uma máquina de produzir restrições. No entanto, a afirmação do verso de Orides Fontela é simultaneamente taxativa – não produzindo restrição alguma – e suspensiva – recriando as condições de possibilidade de sua sequência a partir da restrição do sentido – tendo em vista que, se por um lado finaliza-se o verso com um ponto final, por outro, ele está grafado entre parênteses. A série composta pelas três estrofes iniciadas com versos que compõem a anáfora "Tudo/ será difícil", "Tudo será duro:" e "Tudo será/ capaz de ferir", parece construir algo como uma serialização da dureza que culmina com a última estrofe, iniciada com o verso também portador de afirmação taxativa: "Não há piedade nos signos". Com esse verso, retoma-se a hipótese anterior de que se está diante de uma poesia que filosofa com o martelo. Há ainda que se perguntar: existe no poema alguma premissa de julgamento da verdade? Há algum veredito? De fato, observou-se que nos versos do poema "Fala" há dois enunciados taxativos. Portanto, o poema parece, sim, querer dizer algo, contudo esse dizer vem de um intelecto que compreende a linguagem da poesia como um bailado marcado por uma íntima divergência que é a da possibilidade de poder ser verso – marcado por sua incompletude que lhe restringe o dizer afirmativo – e, ao mesmo tempo, exercer também a faculdade do discurso taxativo, completo em si mesmo. No entanto, ele é poema – está escrito em versos – e se deseja poesia – pois grafa o dizer taxativo entre parênteses. Em sua adesão ao presente – que é o refletir sobre o ato enunciativo da fala, mimetizado pela própria performance da fala, entrecortada, com frases curtas e em verso – há um impedimento de lembrar, historiar, narrar e legislar, e a memória que surge precisamente dessa impossibilidade faz surgir a sua consciência de que a verdade que ali se enuncia – esse seu dizer – não se constitui nunca em lei nem em história, nem mesmo em história de si, mas que não deixa de exercer sua prerrogativa de falar e tentar elaborar seu ditado. Conforme ressaltou Giorgio Agamben (2014), o ditado da poesia é o dizer dessa íntima divergência. "'A irremediável tragédia dessa lembrança'(...): a experiência da língua poética (...) é inteiramente compreendida na cisão entre uma presença imemorial e um poder apenas lembrar" (AGAMBEN, 2014, p. 189).

A ideia de discurso na poesia de Orides Fontela fica comprometida por sua consciência de que sua mensagem é a palavra, disso derivando sua propriedade como poesia. É com o "impasse" que aqui se lê seu primeiro livro, *Transposição* (1969), isto é, a partir de uma constatação de que o meditar sobre os deslocamentos de que são feitas as palavras é o seu meio. Já é possível constatar tal modo de operar de sua poesia no primeiro poema do livro, "Transposição". O substantivo "geometria" passa para a ação de verbo da frase, reforçando o seu sentido de ser movimento gerado a partir de outra coisa, que se materializa novamente nos termos "gradação de luz" e "descontinuidade de planos", e as flores ganham outra "vidaluz" com esse jogo de "transposição contínua":

Transposição

Na manhã que desperta
o jardim não mais geometria
é gradação de luz e aguda
descontinuidade de planos.

(...)
segundo a mesma vidaluz

(...)
coresinstantes e as revive
jogando-as lucidamente
em transposição contínua.

(FONTELA, 2006, p. 11)

Cabe também ressaltar que esse é um modo de operar o discurso que atravessa os poemas de outros livros seus. No livro *Transposição*, o que acontece no poema introdutório e homônimo desdobra-se em "Meada", em "Rosa" e em "O nome", nos quais, além de uma exposição do jogo lúcido entre as palavras "em transposição contínua" (FONTELA, 2006, p. 11), assistimos à própria linguagem, comparada a uma trança, desfazer-se calmamente mediante o trabalho das mãos, as quais buscam não apenas a desconstrução da trança, mas aquilo que "as mãos/ destroem, procurando-se/antes da trança e da memória" (FONTELA, 2006, p. 17), conforme se pode ler no poema "Meada":

Meada

Uma trança desfaz-se:
calmamente as mãos
soltam os fios
inutilizam
o amorosamente tramado.

Uma trança desfaz-se:
as mãos buscam o fundo
da rede inesgotável
anulando a trama
e a forma.

Uma trança desfaz-se:
as mãos buscam o fim
do tempo e o início
de si mesmas, antes
da trama criada

As mãos
destroem, procurando-se
antes da trança e da memória.

(FONTELA, 2006, p. 17)

Em outro poema, "Rosa", há um raro – nos poemas de Orides – sujeito do enunciado que diz ter assassinado o nome da flor no símbolo e por isso suas mãos estão vivas em sangue. A força do símbolo e do sujeito estão equiparadas e aparecem como figuras antipoéticas ou, pelo menos, fora dessa poética praticada em sua poesia.

Rosa

Eu assassinei o nome
da flor
e a mesma flor forma complexa
simplifiquei-a no símbolo
(mas sem elidir o sangue).

Porém se unicamente
a palavra FLOR – a palavra
em si é humanidade
como expressar mais o que
é densidade inverbal, viva?

(A ex-rosa, o crepúsculo
o horizonte)

Eu assassinei a palavra
e tenho as mãos vivas em sangue.

(FONTELA, 2006, p. 33)

Como se estivesse funcionando a partir de um desdobramento do poema "Rosa", o poema "O nome" age para devolver a força de nomeação da palavra. Nesse momento, entretanto, essa força é retomada sem a ação de um sujeito do enunciado. As palavras do verso desenham a ideia de que a linguagem é quem tem a prerrogativa de dizer a "densidade do inverbal, viva", registrado em "Rosa"; sendo o ato de nomear e sua enunciação no verso a performance ativa dessa linguagem. O poema "O nome" diz:

O nome

A escolha do nome: eis tudo.

O nome circunscreve
o novo homem: o mesmo,
repetição do humano
no ser não nomeado.

O homem em branco, virgem
da palavra
é ser acontecido:
sua existência nua
pede o nome.

Nome
branco sagrado que não
define, porém aponta:
que o aproxima de nós
marcado do verbo humano.

A escolha do nome: eis
o segredo.

(FONTELA, 2006, p. 64)

Esse poema retoma as reflexões dos anteriores: o indecidível entre sujeito e linguagem, entre discurso e balbucio, entre verdade e pensamento. Esse transitar entre um e outro modo de operar a língua gera o impasse da escolha impossível. "O homem novo", "o homem em branco", "nome branco sagrado que não define", são todos problemas que envolvem essa escolha e a oscilação que não alcança a forma afirmativa, revelando que o "segredo do nome" é o deslocamento constante de que é feita a prática da transposição. O verso de Orides expõe em carne viva como as contradições da linguagem e do pensamento e seus impasses não têm solução, e tampouco podem ser tratados fora de uma compreensão deles enquanto tais, ou seja, como contradições e impasses de uma linguagem. A escrita que resulta desse modo de compreender a si mesma apresenta-se como teatral, uma vez que já não representa nada, não está no lugar de nada, ao contrário, apenas é, sem se preocupar com o elemento que constitui o contraditório, seja ele o referente, seja ele o pensamento abstrato.

Não se trata de um sujeito feminino

Sem identificar um sujeito propriamente feminino, venho observando na poesia de algumas mulheres movimentos que incluem os seus processos de escrita em um enfrentamento entre um pensamento das formas "estetizantes" da vida prosaica e a formalização estética do cotidiano na arte moderna. Não se trataria, portanto, de uma prática artística que envolveria uma ideia de feminino tomado como o "sem limite" ou como aquilo que não reconhece a disciplina, a fronteira. Ultrapassando o pensamento do feminino elaborado a partir de um conjunto de práticas artísticas do gozo impossível de ser mensurado e infinito, o que percebo nas práticas de escrita dessas mulheres é o aceitar o desafio de saltar livremente os limites entre as formas "estetizantes" da vida prosaica e a formalização estética da arte moderna. Não irei nomear essas autoras neste que é apenas um único artigo, sob pena de ser injusta com quem venho trabalhando e pesquisando nos últimos anos. Contudo, posso, no lugar dos nomes, tentar explicitar os modos pelos quais me aproximo delas. Se num primeiro momento o que me chamou a atenção foi o quanto seus textos poéticos formulavam uma relação intensa com a horizontalidade da vida prosaica e com o pulsar muito sedutor que dela emanava quando enfrentada com o problema da escrita, em análise mais apurada constatei o quanto essa escrita estava consciente de que dançava entre modos sensíveis de elaborar o intelectivo. Uma dança entre materialidades, feita aos saltos, em sua oscilação entre o desejo de ser corpórea e simultaneamente intelectiva.

Ao debater as mitologias do sujeito do mesmo modo que encenavam as mitologias do discurso literário no qual se inseriam, o que eu percebia era uma encenação do próprio sujeito que escreve enquanto mulher. Disso deriva minha proposição de que nesses textos não havia um sujeito da enunciação, e sim uma dança do intelecto que não abriu mão de incluir ali, ainda uma vez, o corpo de quem dança, sua voz, suas marcas do discurso em primeira pessoa e da criação de uma proximidade entre o sujeito da enunciação e o sujeito do enunciado, que é um dos traços do discurso lírico.

Disso vem uma outra formulação de minha pesquisa, a de que essa dança – que é também encenação dos mitos de si e da literatura – produz um questionamento da escrita da poesia pensada como temporalidade puramente enunciativa, ao mesmo tempo que a imuniza de uma adesão incondicional à memória da prosa, impedindo-a de abandonar o verso. E como constato que se trata de um baile composto de cenas, utilizo o termo "performático" para referir-me a essa prática da escrita do verso. Com o termo performático, não quero assumir as implicações do conceito de "procedimento performance", porque procuro me afastar dos processos citacionais, o que me levaria para perto da paródia e, com isso, para o âmbito da retórica e, justamente dela, da imposição normativa, é que eu pretendo me afastar. Justifico minha preferência pelo termo performático, porque ele está mais próximo à minha ideia de ler esse comportamento da linguagem como uma escrita artística em "ato".

Esse ato da escrita artística está muito próximo dessa dança do intelecto, e nela a linguagem é tomada como a própria coisa em si, mas sem fazer desaparecer o mito de si do poema lírico. Esse ato é um modo de teatralizar e fazer aparecer – já que o teatro é o lugar da aparição por excelência – quais são as estratégias para chamar a atenção para o "si" da linguagem e, consequentemente, do si do si mesmo. Procuro nessas escritas "performatizáveis" agenciar modos de despertar o seu potencial mais revolucionário. Bem como localizar o que está em jogo na relação entre as coisas e a linguagem, entre o nome e o que é.

Sarah Kofman, em *Lectures de Derrida*, fala de uma oscilação entre a forma e o fundo, entre verdade e aparência, que poderia ser estendida para essa oscilação entre nomear e deixar aparecer.

A oscilação fetichista permite, ao contrário, fazer mover as categorias metafísicas, fazer oscilar entre uma dialética e uma lógica totalmente diferente, a do indecidível, ela acarreta necessariamente uma especulação que oscila entre um gesto de domínio da oscilação e um gesto que abala e solicita todas as oposições, arrastando em sua deriva, entre outros, a oposição fetiche/não fetiche, substituto/coisa mesma, masculino/feminino, em proveito de uma generalização dos termos mais desvalorizados pela hierarquia metafísica: o fetichismo, o substituto, o *Ersatz*, a suplementaridade e, porque o feminino é caracterizado pela oscilação, em proveito também do feminino. (KOFMAN, 1984, p. 133)

Kofman, que é autora de um estudo sobre a metáfora a partir da filosofia de Nietzsche,[8] reivindica um "uso" da língua no qual o primado da "individualidade", ou ainda da "propriedade", seja desvestido de seu "uso" conservador.

Ao cancelar a oposição dada como natural entre metáfora e conceito para dar-lhe nada além de uma diferença de grau em comparação a seu caráter metafórico (pelo menos o metafórico não é um conceito, mas uma metáfora), Nietzsche instaura um tipo de filosofia que usa deliberadamente a metáfora, arriscando ser confundida com a poesia. Entretanto, para Nietzsche essa confusão não seria deplorável: a oposição entre filosofia e poesia é metafísica e repousa sobre uma divisão entre real e imaginário e em uma separação das faculdades: a filosofia é uma forma de poesia. (KOFMAN, 1971, p. 80-81)

Ao recuperar de Nietzsche a observação do comportamento não original ou impróprio dos conceitos, tomados como verdades sobre as

---

8. Uma versão resumida do livro de Sara Kofman, *Nietzsche et la métaphore* (1972), foi publicada sob a forma de artigo na revista *Poétique*, no número 5 do ano de 1971. Ressalte-se aqui que nesse número da revista, que tem o título de *Réthorique et philosophie*, foram publicados os textos de Jacques Derrida, "La Mythologie blanche", sobre os usos da metáfora no texto filosófico, e um dossiê de Nietzsche, "Réthorique et langage", sob a responsabilidade de Jean-Luc Nancy e Philippe Lacoue-Labarthe.

coisas, e desvestindo-os a partir de operações de deslocamento de sentido, Kofman questiona o princípio que ordena historicamente os vetores de deslocamento, vale dizer, da essência das coisas em direção à linguagem. A filósofa francesa deseja oferecer potência desconstrutiva à operação analógica, recolocando a discussão nos termos de uma não precedência de uma origem em relação a uma destinação, especialmente no que diz respeito à prática de escrita compartilhada entre poesia e filosofia, ou ainda, entre política e arte.

Nesse sentido, esse modo performático de operar a linguagem vai aparecendo como uma escrita teatralizada, uma vez que dá a ver os processos conceituais que organizam seu ato institucional que não é executado por um sujeito discursivo e sim por um sujeito operacional. Contudo, não se trata apenas de metalinguagem, porque não se contenta em demonstrar o processo formal de organização do texto. Derivando dessa qualidade, ou seja, de sua *self consciousness* enquanto metalinguagem, a sua importância como escrita que oferece à palavra e aos processos de nomeação um lugar intermediário entre a operação do texto e sua reflexão filosófica. Trata-se, em função disso, de um baile sem coreografia, que seria o equivalente à operação metalinguística, sendo que sua dança se dá aos "pulos" e não por demonstração lógica de sua própria linguagem.

A poesia de Orides Fontela e o deslocamento de si

Como demonstrei na primeira parte deste texto, o verso de Orides Fontela – no seu limiar com a filosofia – opera por deslocamentos. Isso acontece como na oscilação fetichista, podendo-se constatar tal operação quando o leitor se detém na imagem que expõe o trabalho – comparado ao trabalho do verso – no qual as mãos executam um fazer-desfazer de uma trança. Enquanto desfaz a trança, trama outra teia. *Teia* é título de seu último livro, mas é também a introdução a um mundo de palavras no qual muitas outras mulheres tramaram sua poesia. Tal modo de operar já está no trabalho de Orides Fontela em seus inícios, conforme foi demonstrado no poema "Meada", de seu primeiro livro *Transposição*:

Meada

(...)

Uma trança desfaz-se:
as mãos buscam o fim
do tempo e o início
de si mesmas, antes
da trama criada.

As mãos
destroem, procurando-se
antes da trança e da memória.

(FONTELA, 2006, p. 17)

Retornando ao livro inicial de 1969, antes de analisarmos o último, *Teia*, de 1996, destaco novamente o poema que dá título ao livro, "Transposição" – hipoteticamente seu primeiro poema editado –, no qual o leitor se vê enredado em uma trama linguística que envolve a apresentação da aurora de uma vida natural com seu irracionalismo e sua passagem – "transposição" – ao ludo-lúcido da arte:

Transposição

Na manhã que desperta
o jardim não mais geometria
é gradação de luz e aguda
descontinuidade de planos.

Tudo se recria e o instante
varia de ângulo e face

segundo a mesma vidaluz
que instaura jardins na amplitude

que desperta as flores em várias
coresinstantes e as revive
jogando-as lucidamente
em transposição contínua.

(FONTELA, 2006, p. 11)

    De modo bastante evidente, o ato de nomeação no poema destaca-se pelo jogo de criar neologismos com o intuito de unir campos semânticos e morfológicos distintos, como se pode observar na união entre os substantivos "cores" e "instantes", fazendo-os funcionar no verso como termos interdependentes na designação de algo simultaneamente duradouro e fugaz e, desse modo, contribuindo para a nomeação mais ampla que o poema deseja do ato de "transpor". "Coresinstantes" e "vidaluz" são duas palavras compostas por um método que Augusto de Campos, em sua pesquisa para a tradução de alguns poemas de Lewis Carroll, chamou de composição por palavra-valise e que consiste em amalgamar palavras. O resultado da fusão dessas palavras ou morfemas são os neologismos. Campos (1986, p. 124) constatou que o *Finnegans wake* de James Joyce tinha "acordado" a poesia séria, especialmente a brasileira, para a invenção de Carroll das "palavras-portmaneteau: grito + silvos = grilvos". É interessante considerar o exemplo destacado de Augusto de Campos para apresentar este procedimento, quer seja, "grilvos", que foi retomado do poema "Jabberwocky" de Lewis Carroll. Se considerarmos que o primeiro poema do primeiro livro publicado de Orides Fontela opera deslocamentos de sentido e de procedimento que são responsáveis pela aproximação do processo criativo dela ao de Carroll, perceberemos que o poema "Transposição" desloca os sentidos como um método de composição dos nomes. Tal método inclui sempre outro deslocamento, sendo esse o modo de existir de sua própria poesia, marcando o poema como um núcleo originário de onde emanam os problemas a serem perseguidos pela obra, e não como uma "origem" cronológica e muito menos como algo original. Incluído nesse núcleo originário, o primeiro poema publicado de Orides tem uma relação de "transposição contínua" com o poema de Carroll,[9] em que o Chapeleiro nomeia e apresenta o monstro Jaguadarte para Alice. Ao apresentar a aurora do dia de um irracional mundo paralelo situado em um jardim com vida própria que se move, joga e recria renomeando as coisas de modo autônomo, a poesia de Orides demonstra em tese e em palavras a operação de sua poesia, marcada pelo desejo de manter a posição intelectual no limiar sensível com o trabalho da linguagem. Isso demanda e igualmente propõe um modo de ver e de se relacionar com o mundo e a linguagem comparado ao de uma "menina que não quis crescer", e que tem necessidade de nomear o mundo, isto é, de criá-lo para si e para os outros, uma vez que se vale do processo de nomeação da língua. Transcrevo apenas a primeira estrofe do poema de Carroll, traduzido por Augusto de Campos, na qual é possível constatar a relação de deslocamento entre procedimento e compreensão da linguagem a que me refiro:

Jaguadarte

Era briluz. As lesmolisas touvas
roldavam e reviam nos gramilvos.
Estavam mimsicais as pintalouvas,
E os momirratos davam grilvos.

(CAMPOS, 1986, p. 139)

---

9. Monteiro Lobato traduziu e adaptou *Through the Looking Glass, Alice no país do espelho*, de Carroll, para o português, em 1931, mas preferiu não traduzir o poema "Jabberwocky". Em 1934, Pepita Leão traduz, para a Editora Livraria do Globo, o livro de Carroll, sob o título *Alice na casa do espelho*, no qual foi incluída a tradução do referido poema como "Algaravia". A tradução mais célebre desse poema em português foi a de Augusto de Campos, em 1956. Ele a publicou em *Noigandres 3*. Provavelmente, Orides leu esta versão do poema ou o leu diretamente no original. Na tradução de Augusto de Campos se expõe de modo muito visível o procedimento palavra-valise de Carroll.

No documentário de Ivan Marques sobre a poeta Orides Fontela, *A um passo do pássaro*, realizado em 2000, Davi Arrigucci Jr. refere-se à amiga Orides como a menina que não quis crescer. A identificação entre as personagens Alice/Lewis Carroll/Orides Fontela é mais um passo do pássaro em direção a esse lugar intermediador de deslocamentos entre dicção/ditado/respiração da poesia, alçando, a partir disso, seu voo que, apesar da efemeridade de sua vida frágil e de sua respiração quase insignificante, perdura em sua força intelectiva. Não querer crescer ou ainda crescer e voltar a ficar pequena é uma estratégia de sobrevivência diante de uma vida que não chega a realizar-se em si mesma, em que pese seu desejo por essa completude, e por isso mesmo, necessita de "transposições".

É importante ressaltar que as palavras-valise criadas no poema por Orides Fontela são também passíveis de serem compreendidas como a negação das definições definitivas do nome. Dessa forma, o nomear que a transposição envolve necessita incluir um ponto de vista não ingênuo, e também cruel, em relação aos processos de nomeação tanto na poesia – lugar da criação gozosa – quanto na filosofia – lugar da criação do conceito. No livro *Teia* (1996) há um poema intitulado "Hamlet", em que o leitor se depara com esse anseio por algo que não existe, mas que não pressupõe ingenuidade alguma em se satisfazer com a precária faculdade de nomeação tanto da poesia quanto da filosofia: "...mais filosofias/ que coisas!" (FONTELA, 2006, p. 298).

Conforme ressaltei anteriormente, o verbo "transpor", que envolve os sentidos da linguagem que opera por metáforas, nos livros de Orides é associado aos substantivos trama, teia, tela, tecido e, a partir disso, à ideia mesma de fala – nos termos usados pela própria poeta, pois são títulos de poemas seus que se repetem nos dois livros aos quais estou me referindo, *Transposição* e *Teia*, criando um contexto poético que pode ser comparado a uma grande rede de deslocamentos linguísticos e que operam com a finalidade de fazer com que os poemas definam a língua da poesia própria. Orides tem dois poemas com o título de "Fala". Em um deles, de 1967, lemos o seguinte verso: "(Toda palavra é crueldade.)". Em outro, de 1996, a fala é definida por oposição, isto é, como aquilo que impede a não fala: "Falo do que impede/ o sono". Transcrevo a seguir o poema completo:

Fala

Falo de agrestes
pássaros   de sóis
      que não se apagam
      de inamovíveis
      pedras

de sangue
vivo   de estrelas
que não cessam.

Falo do que impede
o sono.

(FONTELA, 2006, p. 276)

O sentido do poema vai se construindo com esses deslocamentos, com esses pulos entre palavras, e é nesse sentido que a poesia de Orides não abandona o verso, porque esses pulos trazem marcas textuais, as cesuras e os *enjambements*, que estão ali para garantir os saltos em direção a um pensamento não ingênuo em relação a si mesmo. O "si mesmo" está igualmente marcado no texto, porque esses versos não abrem mão de seu corpo, uma vez que a poeta tem sexo, como ela disse certa vez para o apresentador de programas televisivos de entrevistas Jô Soares, por ocasião do lançamento de seu livro *Teia*, em 1996. A ideia de transposição é associada em *Teia* à ideia de trama, teia, tela, tecido, atuantes em vários outros poemas seus, contudo, se tal ideia já se encontra presente no primeiro livro, ela é igualmente deslocada para o último livro *Teia* e ali novamente relacionada às metáforas de operação em rede da linguagem em seu ato de nomear, ou seja, operação do texto poético em pé de igualdade com a reflexão sobre si mesmo.

Tal capacidade de operar e refletir, de voar e de pensar, de ser alada e simultaneamente ter cérebro, pode ser encontrada de modo determinante nas práticas de escrita operadas por mulheres que venho estudando ultimamente. Nessa operação dupla, não se elege um substituto para o sujeito lírico, o baile do texto é operado pelo corpo da poeta, pois ela tem sexo. A partir disso, o poema é elaborado como lugar de passagem, "(...) um passo do pássaro (...)"(FONTELA, 2006, p. 145), entre palavra e pensamento. Como nos versos finais do poema "Teia", onde se lê:

Teia

(...)
a teia, não
virgem
mas intensamente
    prenhe:

no
centro
a aranha espera.

(FONTELA, 2006, p. 275)

REFERÊNCIAS

AGAMBEN, Giorgio. Um enigma da Basca. In: *Categorias italianas*, Tradução de Carlos Eduardo Capela e Vinícius Honesko. Florianópolis: EDUFSC, 2014.

CAMPOS, Augusto de. *O anticrítico*. São Paulo: Companhia das Letras, 1986.

CARROLL, Lewis. *Alice no País das Maravilhas e Alice no País dos Espelhos*. Tradução e adaptação de Monteiro Lobato. São Paulo: Abril Cultural, 1972.

FONTELA, Orides. *Poesia reunida* [1969-1996]. São Paulo: Cosac Naify; Rio de Janeiro: 7 Letras, 2006.

FONTELA, Orides. *Entrevista de Orides Fontela ao programa Jô Soares Onze e Meia, pelo SBT no ano de 1996*. Disponível em: <https://www.youtube.com/watch?v=AN6-FP71xl8> Acesso em: 01 Set. 2019.

KOFMAN, Sara. Nietzsche et la métaphore. *Poétique*, v. 2, n. 5, 1972.

KOFMAN, Sara. *Lectures de Derrida*. Paris: Editions Galilee, 1984.

Ontologias: sobre as naturezas na poesia de Orides Fontela

Renata Sammer

Orides Fontela conta que foi repreendida pela bibliotecária do ginásio que frequentou por recortar sistematicamente com uma lâmina a palavra "homem" de todos os livros que lia. "Neguei", lembra Orides, pois "que diferença faz a palavra 'homem', 'mulher' ou qualquer outra. Era tudo igual... eram apenas palavras!'" (CASTRO, 2015, p. 87). Passado algum tempo, Orides diz para a professora Maria José – a Zezé – Lopes ter sido ela a responsável pelo recorte sistemático dos livros da escola. Zezé não a repreende. Ao contrário, estimula Orides a cultivar o seu interesse pelas palavras.

Como sugere o incidente, a palavra "homem" mantém-se rara em seus poemas. Além disso, são poucos os poemas nos quais encontramos o sujeito lírico figurado. Quando ele aparece, é com frequência oculto, posto de lado ou entre parênteses. "Chama a atenção, de cara", observa Flora Süssekind (1989, p. 182), a "(...) preferência por infinitivos, indeterminações, substantivos abstratos ou nomes referentes a elementos inanimados ou de alguma forma inusuais como agentes da ação verbal". São agentes dos poemas de Orides: "o fluxo", "o círculo", "a estrada", o "tempo", a "pedra", o "sol", a "fonte", o "rio", a "aurora", entre outros.

Nos raros casos em que o sujeito é figurado, ele adota, como pontua ainda Flora Süssekind (1989), ações relacionadas à "caça". "Retenso o arco e o sonho/espero:/nada mais é preciso", lemos numa "Ode" de *Alba*.

"Miro e disparo:/o a/o al/o alvo" diz o poema "Alvo", de *Helianto*.[10] O ato do poeta, sujeito investido em algo, como o Baudelaire dos *Instantâneos Parisienses*, que sai às ruas com uma "esgrima caprichosa" – "*ma fantasque escrime*" – (ato que Maria Gabriela Llansol traduz por "ofício textuante"), farejando no ar "acasos que a rima tece", tropeçando "nas palavras como na calçada", dando "de caras com versos há muito sonhados..." é semelhante ao ato da caça na poética de Orides (Baudelaire, 1857/2003, p. 188-89). A poeta, muitas vezes armada com as unhas de um gato, também fareja acasos no ar, pode ou não capturar a sua presa. O verbo que abre o poema "Caça" (de *Alba*) é posto no infinitivo, resiste a um único sujeito, prestando-se à totalidade dos caçadores: "Visar o centro/ou, pelo menos,/o melhor lado/(o mais frágil).//Astúcia e tempo/(paciência armada)/e – na surpresa/do golpe rápido -//colher a coisa que, apreendida,/rende-se?" – ela pergunta e responde na última estrofe do poema: – "//Não: desnatura-se/ao nosso ato... / Ou foge."

O sujeito caçador que em um ato se desnatura, dando assim início à própria transformação, agrega um conjunto maior de espécies caçadoras. Ao lado dos raros poemas nos quais o sujeito é figurado, encontramos nos poemas de Orides uma infinidade de sujeitos não-humanos. Estampados nos títulos de seus livros – *Helianto* (1973), *Rosácea* (1986), *Teia* (1996) –, animais e plantas estiveram presentes durante toda a sua produção. São títulos de seus poemas: "Rosa", "Caramujo", "Girassol", "Fera", "Pássaro", "Gato", "Cisne", "Centauro", "Peixe", "Uvas", "Rosa", "Coruja", "As coisas selvagens", "Flor", "Bem-te-vi", "Jardim", "Botânica", "Antipássaro", "Galo", "Gatos", "Flores", "Pomba", "Casulo", "Narciso" etc. O eu-mínimo, que caracteriza a poética de Orides, cede espaço a poemas que emergem de outras peles – animais e vegetais –, que exploram perspectivas humanas e não-humanas.

No poema "Gato" (de *Helianto*), Orides, adota os "olhos de ouro" do felino, com os quais abre os versos: "vibre (em ouro) a volúpia/o escuro tenso/vulto do deus sutil/indecifrado". A experiência noturna

---

10. Os poemas de Orides Fontela aqui citados [*Transposição* (1966-67); *Helianto* (1973); *Alba* (1983); *Rosácea* (1986); *Teia* (1996); *Inéditos* (1997-1998)] foram retirados da edição organizada por Luis Dolhnikoff, *Orides Fontela: Poesia Completa*.

do gato, voluptuosa e misteriosa, ressurge no poema "Noturno" (de *Alba*), no qual "grandes estrelas fixas", remetem aos olhos de ouro e a "O silêncio sem cor nem peso/(vacuidade) sustenta/agudas sementes – júbilo –/da lucidez nunca/extinta." O "abstrato escuro" que aproxima a poeta do gato, reaparece no poema "Gatos" (de *Teia*). Os gatos caçadores, que habitam o escuro e que nele são capazes de enxergar, "...no negro fluem: fosforecem // arranham vidros destroçam/espectros/ farejam todos/os rumos.", dizem os versos finais do poema.

O interesse de Orides pelos demais viventes e seus mundos não se confunde com o amor pela natureza, entendida enquanto "ser exterior ao homem e a si mesmo", enquanto "puro objeto", na precisa expressão de Merleau-Ponty (2006, p. 9). Orides era capaz de, num acesso de fúria, jogar pela janela de seu apartamento os gatos que recolhia pela rua. Ao contrário, o interesse de Orides pelas peles que veste enquanto poeta está, justamente, no reconhecimento de que "mundos divergentes", na expressão de Isabelle Stengers (2005, p. 995), coexistem. Essa variedade compõe uma política do cosmos, distinta da kantiana. Enquanto Kant (1784/2010) inscreve na natureza a insociável sociabilidade, assim fornecendo o pano de fundo sobre o qual a história humana se elabora (*Ideia de uma História Universal de um Ponto de Vista Cosmopolita*, de 1784), o cosmopolitismo de Stengers (2005) reconhece a "possibilidade ontológica de mundos múltiplos e divergentes", que ultrapassa a distinção complementar entre natureza e cultura.

Como intuiu o biólogo e etólogo Jacob von Uexküll (1934 / 2010) no livro que publicou sobre *Ambientes Animais e Ambientes Humanos* (*Streifzüge durch die Umwelten von Tieren und Menschen: Ein Bilderbuch unsichtbarer Welten*), em 1934, seres diversos coexistem ignorando-se mutuamente, produzindo ambientes (a palavra em alemão é *Umwelten*) ou mundos variados. Nesse caso, o mundo humano seria apenas mais um mundo entre outros, um modo de ser entre outras – múltiplas – naturezas.

Como traço comum, a reger a coexistência desses mundos, encontramos uma mesma sobrenatureza. "Categoria afetiva da mentalidade primitiva", na expressão de Lévy-Bruhl (1963, p. 34), a sobrenatureza é a agência político-cósmica que possibilita o trânsito entre mundos distintos. É também o que torna possível o reconhecimento, pela poeta, da presença simultânea do mel e do mal nos "doces-pobres bagos" de "Uvas", poema de *Alba*. Assim são estabelecidas relações entre mundos diversos, que envolvem as perspectivas da poeta, do gato e das uvas, entre outras. Para que essa política possa ocorrer, e mobilizar a totalidade dos viventes, as experiências de desumanização e de metamorfose transespecíficas são indispensáveis. Daí o interesse de Orides pela metamorfose. O seu primeiro livro, *Transposição* (1966-1967), traz três poemas ao início – "Transposição", "Tempo" e "Arabesco" – que tratam, direta ou indiretamente, da metamorfose. Em seu último livro, *Teia* (1996), o poema Casulo diz: "ardente trama/da meta/morfose". Em "Lavra", também de *Transposição*, a "semente" e o "fruto" são postos nos extremos do poema para abarcar os versos: "...o tempo vivo" e "[e] a vida rítmica fluindo".

Vale ressaltar que o interesse de Orides está voltado, sobretudo, aos atos e às relações que a metamorfose engendra. A impressão que temos do tratamento que Orides dedica à metamorfose, é a de que a poeta busca formular uma morfologia avessa à forma; uma paradoxal morfologia do devir, na qual as formas são escorregadias como o "Peixe" do poema, que diz: "Gira/forma oblíqua no espelho/cor/capturada em fria/plenitude". Seu interesse é pelo espaço entre as inapreensíveis formas. Pelo ato da caça. Pela "vida rítmica fluindo", como diz um de seus versos.

Lemos no poema "Tempo":/ "O fluxo obriga/qualquer flor/a abrigar-se em si mesma/sem memória.//O fluxo onda ser/impede qualquer flor/de reinventar-se em/flor repetida.//O fluxo destrona/qualquer flor/de seu agora vivo/e a torna em sono.//O universofluxo/repele/entre as flores estes/cantosfloresvidas.//- Mas eis que a palavra/cantoflorvivência/re-nascendo perpétua/obriga o fluxo//cavalga o fluxo num milagre/de vida." A palavra "cantoflorvivência" cavalga o "fluxo" como na *Lida de Góngora*, de Murilo Mendes, o poeta cavalga o mito em pêlo, ao duvidar, na última estrofe do poema, que a morte mata, que a história seja estática, que o corpo seja refratário a Deus e que o sim e o não se excluam. A aventura, diz um outro poema sem título de Orides, é "fluir/sempre." No belo "Laboratório", de *Transposição*, lemos: "Des – armamos o fato / para – pacientemente – / re – generarmos a estrutura // ser nascido do que/apenas acontece.//Re – fazemos a vida."

A ênfase dedicada à metamorfose atende à demanda posta pela própria poeta de ir ao lugar do outro, de "ir lá" (FONTELA, 2015, p. 222). No poema "Ciclo (II)": "O tempo cumpre-se. Constrói-se/a evanescente forma/ser/e/ritmo". À Orides interessa o sendo – "ser/e/ritmo" – aquilo que nas metamorfoses não é origem nem fim, mas o próprio andamento das transformações. No poema "Mapa" (de *Alba*), Orides apresenta, em dois versos, sua cosmologia: "Eis a carta dos céus: tudo/se move". Na procura de outras peles – "pássaro", "rosa" ou "gato" –, Orides se interessa, particularmente, pela própria possibilidade de trânsito entre um mundo e outro, pelo descortinamento de um outro mundo que a metamorfose poética proporciona. "Que bicho é esse?" (FONTELA, 2015, p. 222), pergunta Orides à poesia e, num poema intitulado "Da poesia", ensaia uma resposta em três versos: "Um/gato tenso/ tocaiando o silêncio".

Em 1998, no depoimento que redigiu em resposta ao pedido de Alberto Pucheu para o livro *Poesia(e)Filosofia – Por Poetas-Filósofos em Atuação no Brasil*, Orides lembra, logo ao início, o verso de um soneto de juventude, escrito aos 23 anos, no qual identifica, em suas palavras, "uma espécie de programa de vida":

"Alta agonia é ser, difícil prova" (FONTELA, 2015, p. 221).

Nessa difícil prova – "ser" – "a poesia, como o mito, também pensa e interpreta o ser" (FONTELA, 2015, p. 221), diz. Também a filosofia se alimenta de "brumas" e de "mitos próprios", acrescenta. De sua perspectiva, a metafísica é mitopoiese. Porém, apenas no segundo verso do poema de juventude, "Alta agonia" (1963), que deixa de citar, Orides Fontela revela o seu segredo:

"entre metamorfoses, superar-se".

Embora tenha identificado em seus – "maus" – versos adolescentes que "Pensar dói / e não adianta nada", Orides diz não ter se contentado com respostas prontas – "quero *ir lá* eu mesma". Logo, "uma intenção básica de minha poesia", explica, "é o 'estar aqui' – auto-descoberta e descoberta de tudo, (...). Só que este 'estar aqui'", continua, "é, também, estar 'a um passo' – de meu espírito, do pássaro, de Deus (...)" (FONTELA, 2015, p. 222), estar "presente entre a dupla au-sência (proveniência e declínio)", nos termos de Heidegger (1946/1998, p. 317), que Orides diz ter lido como poeta. E "este um passo é o 'impossível' com que luto", conclui (FONTELA, 2015, p. 222).

No poema "Questões", estampado no seu primeiro livro, *Transposição* (1969), Orides traça os caminhos de sua investigação: "a)/O/fruto/arqui-tetado:/como o sermos?//b)/Difícil o real./O real fruto./Como, através/ da forma/distingui-lo?//c)/Aguda/a/luz/sem forma/do que somos./Como, sem vacilações/vivê-la?" Gostaria de aproximar esse seu interesse pelo questionamento do ser – seu desejo de simultaneamente "estar aqui" e "ir lá" – da diversidade dos lugares que o poeta pode ocupar. "Para além do que é humano o ser se integra", escreve Orides no poema "Revelação" (de *Transposição*). Desejosa de uma enunciação a partir do não-humano, a ontologia que ensaia Orides Fontela é notável pela pluralidade que cultiva.

Paul Valéry, no "Discurso" que dedicou a Goethe (*Discours en l'Honneur de Goethe*), caracteriza com precisão a comunidade entre o "poder ser muitos" do poeta e o crescimento de uma forma natural, de uma planta, e é justamente a metamorfose que funda essa comunidade:

> Este gênio da transformação é, aliás, essencialmente poético, pois que preside tanto à formação das metáforas e das figuras, pelas quais o poeta joga com a multiplicidade das expressões, como à criação dos personagens e das situações do teatro. Mas, quer no poeta, quer na planta, trata-se sempre do mesmo processo natural: todos os seres têm uma aptidão para viver, quer dizer, para permanecer o que são, possuindo mais do que uma maneira de ser o que são. (VALÉRY apud MOLDER, 1995, p. 157)

Nesse caso, a natureza não deve ser compreendida enquanto pano de fundo a partir do qual a mímesis e seu mais caro tropo, a metáfora, revelam o mundo, mas enquanto processo de tradução incessante, que oculta ao revelar e revela ao ocultar, no qual a metamorfose e a mistura são os únicos gestos perceptíveis.

A natureza compreendida enquanto fundo de analogia tende a confirmar a especificidade do humano, como acontece nas *Metamorfoses* de Ovídio, ao manter no narciso, no loureiro ou na ursa as características daquele que se transformou – Narciso, Daphne ou Calisto. Ao fim, os animais e as plantas resultantes das transformações sofridas por formas humanas (comuns a deuses e semideuses) não alteram sua percepção do mundo, embora seus corpos não sejam mais os mesmos. Já a natureza compreendida enquanto domínio da metamorfose incide diretamente sobre o limite posto entre as formas humana e não-humana, como ocorre em Dante.

No conhecido canto XIII do *Inferno*, a metamorfose sofrida pelo suicida Pier della Vigna dá origem a uma forma vegetal que sangra e fala. Como Dante, desafiando a restrição específica, Orides adverte no primeiro verso do poema "Cisne" (de *Alba*): "Humanizar o cisne/é violentá-lo". Logo, seu interesse pelo cisne não reside em sua eventual humanidade, mas na desumanização e desnaturalização do próprio ponto de vista.

O universo ritmado, pelo qual Orides se interessa, não se divide entre formas originárias e finais. Além do espaço entre uma forma e outra, é a ausência da forma que a cativa, o que não pode ser capturado. Uma postura misteriosa, que a aproxima de Clarice Lispector. No conto "O ovo e a galinha", Lispector (1964/2016, p. 311) diz: "o meu mistério é que eu ser apenas um meio, e não um fim, tem-me dado a mais maliciosa das liberdades". Como o antigo conceito de *physis*, a natureza mostra tanto quanto oculta – "o que faz aparecer tende a fazer desaparecer", "a forma tende a desaparecer", "o que nasce quer morrer", "o que faz nascer tende a fazer morrer": são traduções possíveis para o fragmento de Heráclito (*physis kryptesthai philei*), no qual a palavra-conceito aparece. A realidade é tal que em cada coisa há dois aspectos que se destroem mutuamente, como dizem os versos do poema "Penélope", de *Alba*: "O que faço des/faço/o que vivo des/vivo/o que amo des/amo//(meu 'sim' traz o 'não'/no seio)."

Enquanto parte das investigações de Orides ao redor da metamorfose, a origem e a forma são trabalhadas em alguns de seus poemas. No poema "Origem" (de *Rosácea*, 1986), Orides remete o fruto, bem como as demais partes da planta, à raiz: "Nem tronco ou/caule. Nem sequer planta/- só a raiz/é o fruto." "Onde a Fonte?", pergunta Orides num poema de *Helianto*. No poema "Jardim" (de *Rosácea*), "fontes/jorram pedras". Ainda, em um poema sem título diz: "Semeio sóis/e sons/na terra viva//afundo os/pés/no chão: semeio e/passo.//Não me importa a colheita." Walter Benjamin notou em seu estudo sobre a *Origem do Drama Trágico Alemão*, que, ao contrário da gênese, que supõe um desdobramento, a origem (*Ursprung*) ocorre a todo instante, modificando a ordem da qual emerge.[11] De tal modo compreendida, a origem – o salto primordial – interfere nos processos de gênese, assim impedindo que as formas se cristalizem. No poema "Salto", de *Transposição*, lemos os versos: "I Momento/desprendido da forma//salto buscando/o além/ do momento.//II Desvitalizar a forma/des-fazer/des-membrar//a – além da estrutura -/viver o puro ato/inabitável."

A ontologia que ensaia Orides em seus poemas, ao recusar o protagonismo humano, volta-se às diversas naturezas. Uma "ontologia infundamental", na expressão de Marco Antonio Valentim, encontrada em seu mais recente livro, *Extramundanidade e Sobrenatureza: Ensaios de Ontologia Infundamental* (2018). Na crítica pontual que Valentim (2018, p. 38) dirige a Heidegger, "[o] reconhecimento de Heidegger da historicidade do ser-aí – 'a história é o homem' – expressa" – nas palavras de Valentim – "a necessidade de determinar o que é propriamente histórico a partir daquilo que separa, quanto ao ser, o humano do não-humano."

A distinção feita entre "o ser do ente que nós mesmos somos" e o "ser do ente não dotado do modo do ser do ser-aí", tal como aparece no

---

11. Ao início da *Origem do Drama Trágico Alemão*, Walter Benjamin (1925/2013, p. 34) distingue a "origem" (*Ursprung*) da "gênese" (*Entstehung*): "Origem não designa o processo de devir de algo que nasceu, mas antes aquilo que emerge do processo de devir e desaparecer. A origem insere-se no fluxo do devir como um redemoinho que arrasta no seu movimento o material produzido no processo de gênese. O que é próprio da origem nunca se dá a ver no plano do factual, cru e manifesto. O seu ritmo só se revela a um ponto de vista duplo, que o reconhece, por um lado como restauração e reconstituição, e por outro como algo de incompleto e inacabado. Em todo o fenômeno originário tem lugar a determinação da figura através da qual uma ideia permanentemente se confronta com o mundo histórico, até atingir a completude na totalidade de sua história. A origem, portanto, não se destaca dos dados factuais, mas tem a ver com sua pré e pós-história. Na dialética inerente à origem encontra a observação filosófica o registro das suas linhas-mestras. Nessa dialética, e em tudo o que é essencial, a unicidade e a repetição surgem condicionando-se mutuamente."

problema filosófico geral da ontologia fundamental, "conduz à hipótese", conclui Valentim (2018, p. 38), "de que o próprio ser consistiria (...) no princípio metafísico de delimitação do humano frente ao não-humano, da história contra a natureza". Assim; "não se faz senão fundamentar *ontologicamente* o 'mito da dignidade exclusiva da natureza humana', nas palavras de Lévi-Strauss".

Se na ontologia fundamental o ser-aí se distingue dos demais entes por reter o privilégio da pergunta sobre o ser, por outro lado, na (variável) ontologia ameríndia, que aqui aproximo da ontologia pela qual Orides se interessa, o ser do homem não se distingue dos demais. Seres humanos e não-humanos diferem-se apenas pelas peles portadas – peles semelhantes aos "(...) equipamentos de mergulho ou aos trajes espaciais", nos exemplos de Eduardo Viveiros de Castro (2011, p. 394). Atrás de corpos trocáveis e descartáveis estão "subjetividades formalmente idênticas à humana", diz o antropólogo, "(...) mas esta ideia não é semelhante à nossa oposição entre aparência e essência" (VIVEIROS DE CASTRO, 2011, p. 394); nota ainda, "(...) ela manifesta apenas que a permutabilidade objetiva dos corpos está fundada na equivalência subjetiva dos espíritos" (VIVEIROS DE CASTRO, 2011, p. 395). Assim, o urubu vê a carniça como peixe frito, e o jaguar vê o sangue como cauim, a cerveja de mandioca. Uma permutabilidade que Orides explora no poema "Habitat": "O peixe/é a ave/ do mar//a ave/o peixe/do ar//e só o/homem/nem peixe nem/ave//não é/daquém/e nem além/e nem//o que será/já em nenhum/lugar."

Vale ressaltar que o perspectivismo ameríndio não é um relativismo, um conjunto de visões distintas sobre um mesmo mundo. Ao contrário, não há unidade no mundo capaz de coordenar representações diversas. Os mundos são muitos porque os corpos são muitos. E essa vastidão de mundos deve-se às diferentes aptidões sensíveis de cada pele portada; – de cada corpo.

Logo, o pensamento ameríndio possuiria uma "epistemologia constante" e uma "ontologia variável": "[U]ma só 'cultura', [e] múltiplas 'naturezas'" (VIVEIROS DE CASTRO, 2011, p. 379). Uma epistemologia constante e uma só cultura porque não-humanos veem as coisas como a gente vê, pois a alma "formalmente idêntica através das espécies" – na expressão de Viveiros de Castro (2011, p. 380) – vê sempre o mesmo. O reconhecimento de uma sobrenatureza comum ao homem, ao urubu, ao jaguar, à coruja e ao gato, é o que possibilita uma política do cosmos, da qual participam naturezas diversas. É também o que rende possível a perigosa passagem de um mundo ao outro.

Humanos e não-humanos partilham categorias semelhantes, mobilizadas ao redor da caça, da pesca, dos rituais de iniciação, nascimento e morte. Como um xamã, o poeta passa de uma pele a outra, de um mundo a outro. Lemos no poema "Coruja", no qual Orides assume a pele da ave: "Voo onde ninguém mais – vivo em luz/mínima/ouço o mínimo arfar – farejo o/sangue//e capturo/a presa/em pleno escuro." Como notava Flora Süssekind (1989, p. 183) sobre os poemas em primeira pessoa de Orides, quando não veste a pele animal, a poeta mobiliza "eus", colocados discretamente no corpo do poema, enquanto sujeitos de verbos relacionados à "caça". Posição essa que lhes aproxima da coruja, que "ouve", "fareja" e "captura". Assim, a abundância de formas vivas que adota a poeta leva o questionamento do ser à totalidade dos viventes. Logo, a poesia adquire um papel singular na indagação ontológica, pois pelo deslocamento metamórfico dos corpos que caracteriza o poético é possível conhecer muitas naturezas.

Tal deslocamento pode ser percebido nos versos do poema "Fera", de *Helianto*: "Na imóvel floresta um ritmo/oculto pelo Sol pelos ramos/ no meio-dia o medo armado o salto//(o tempo irá deflagrar/o seu raio/ anulando o limbo/a ausência/o emboscado poder/irá ferir/o branco centro eterno)". Deslocamento metamórfico que Orides partilha com Rilke, que nos versos dedicados à "Pantera" enjaulada em Paris diz: "em círculos concêntricos decresce,/dança de força em torno a um ponto oculto/no qual um grande impulso se arrefece". E, mais adiante: "Uma imagem, então,/na tensa paz dos músculos se instila/para morrer no coração" (a tradução é de Augusto de Campos). A adoção das formas animais, permite aos poetas estender – como xamãs – à toda animalidade o ser da "gente". Afinal, é possível ser como uma fera, vaca ou coruja, pois é possível alargar a experiência humana pelo que pode ser vivenciado também num poema.

"Vaca", diz Orides, em "Bucólica", de *Rosácea*, "mansamente pesada// vaca/lacteamente morna//vaca/densamente materna//inocente grandeza: vaca//vaca no pasto (ai, vida,/simples vaca)."

Enquanto forma de locução sensível, cujo sentido é em parte dado pelo corpo, pelo usufruto simultâneo dos sentidos, a poesia nos aproxima do substrato da vida. Logo, ela é menos a busca de uma distinção do ser humano das demais espécies, do que sua dissolução no oceano da vida. Como sugerem os versos de Orides, a poesia não é a altura de uma reverenciada (ou condenada, no caso de Platão) forma de locução, mas a busca de uma existência mais rente ao chão.

REFERÊNCIAS

BAUDELAIRE, Charles. *As Flores do Mal*. Tradução de Maria Gabriela Llansol. Lisboa: Relógio d'Água, 2003. (Trabalho original publicado em 1857).

BENJAMIN, Walter. *Origem do Drama Trágico Alemão*. Tradução de João Barrento. Belo Horizonte: Autêntica, 2013. (Trabalho original publicado em 1925).

CASTRO, Gustavo de. *O enigma Orides*. São Paulo: Hedra, 2015.

FONTELA, Orides. *Poesia completa*. Organizado por Luis Dolhnikoff. São Paulo: Hedra, 2015.

FONTELA, Orides. "Sobre Poesia e Filosofia – Um Depoimento". In: CASTRO, Gustavo de. *O enigma Orides*. São Paulo: Hedra, 2015. p. 219-226.

GOETHE, Johann W. von. *A metamorfose das plantas*. Tradução de Maria Filomena Molder. Lisboa: Imprensa Nacional Casa da Moeda, 1993.

HEIDEGGER, Martin. "Para quê Poetas?" In: *Caminhos de Floresta*. Tradução de Irene Borges-Duarte e outros. Lisboa: Calouste Gulbenkian, 1998, p. 307-368. (Trabalho original publicado em 1946).

KANT, Immanuel. *Ideia de uma História Universal de um Ponto de Vista Cosmopolita*. São Paulo: Martins Fontes, 2010. (Trabalho original publicado em 1784).

LEVY-BRUHL, Lucien. *Le Surnaturel et la Nature dans la Mentalité Primitive*. Paris: Presses Universitaires de France, 1963. (Trabalho original publicado em 1931).

LISPECTOR, Clarice. "O Ovo e a Galinha" (A Legião Estrangeira). *Clarice Lispector: Todos os Contos*. Organização e prefácio de Benjamin Moser. Rio de Janeiro: Rocco, 2016. p. 303-313. (Trabalho original publicado em 1964).

MERLEAU-PONTY, Maurice. *A natureza*. Tradução de Álvaro Cabral. São Paulo: Martins Fontes, 2006.

MOLDER, Maria Filomena. *O pensamento morfológico de Goethe*. Lisboa: Casa da Moeda, 1995.

STENGERS, Isabelle. *Cosmopolitics I. I. The Science Wars; II. The Invention of Mechanics; III. Thermodynamics*. Tradução de Robert Bononno. Minneapolis and London: University of Minnesota Press, 2010.

STENGERS, Isabelle. "The Cosmopolitical Proposal". In: LATOUR, Bruno Latour; WEIBEL, Peter *Making Things Public. Atmospheres of Democracy*. Cambridge: The MIT Press, 2005. p. 994-1003.

SÜSSEKIND, Flora. "Seis Poetas e Alguns Comentários". *Revista USP*, pp. 175- 192, 1989.

UEXKÜLL, Jakob von. *A Foray into the Worlds of Animals and Humans: With a Theory of Meaning*. Translated by Joseph O'Neil. Minnesota: University of Minnesota Press, 2010. (Trabalho original publicado em 1934).

VALENTIM, M. A. *Extramundanidade e sobrenatureza*: ensaios de ontologia infundamental. Florianópolis: Cultura e Barbárie, 2018.

VIVEIROS DE CASTRO, Eduardo. "Perspectivismo e Multinaturalismo na América Indígena". In: *A Inconstância da Alma Selvagem*. São Paulo: Cosacnaify, 2011. p. 347-399.

A casa da utopia:
o livro, a língua, o poema

Henrique Estrada

A casa da utopia é a palavra. O seu chão, o paradoxo. Talvez por isso se possa construí-la de muitas maneiras. Este texto pretende discutir, ao menos, uma delas: a maneira dessa casa se fazer poema. Primeiro com Thomas More, o inventor do neologismo utopia e, como se verá, do imaginário utópico enquanto uma espécie de "inventa línguas". Em seguida, com Orides Fontela, que num poema intitulado, justamente, "Utopia", corta palavras e quebra o ritmo para reconstruir a invenção de More como um paradoxal porto: o "in / verso / do abrigo". Mas não se trata de sugerir, aqui, uma relação causal entre os dois autores. São conexões expressivas possíveis de imaginar entre suas explorações literárias, da palavra utopia à utopia da palavra, com as quais modulam diferentes formas de ver o mundo e de existir.

> Esse é o ponto de partida, o ponto de chegada.
> Algo está se movendo, então.
>
> (CECIM, 2006)

1.
Isto é certo: o ponto de partida das utopias é o ano de 1516, quando essa palavra vem ao mundo como o título, paradoxal, do livro mais conhecido de Thomas More. Formada com uma partícula negativa (o grego *ou*) anteposta a *topos* (lugar), o neologismo de "lugar-nenhum" surge para afirmar, pela sua não existência, tanto a ilha recém descoberta

de que se fala na obra como o nome do fundador da vida civil ali existente. Livro, ilha e herói epônimo: tripla inscrição de uma palavra original e originante, cujos desdobramentos literários à edição crítica de André Prévost (1978) e um ensaio de Jean-Michel Racault sobre "A questão das línguas na Utopia de Thomas More" me ajudaram a decifrar.

Enquanto nome da personagem heroica, diz sobre alguém que não corresponde totalmente aos modelos literários e políticos existentes. Utopos, com ascendência possivelmente grega, é uma personagem singular, que abre um canal para transformar a península conquistada em ilha, além de edificar uma capital que, no centro do "Não-Lugar", só poderia mesmo se chamar "Sem-Luz" (*Amauroton*; em grego, lembra Prévost nas notas a *L´Utopie*, de Thomas More [1978, p. 133], *amauroma* é "eclipse"). Enquanto nome da ilha, a Utopia continua engraçada com suas partículas privativas dando o ar da graça. Seu principal rio, por exemplo, é "Sem-Água" (*Anidro*) e o sucessor atual de Utopos é um governante chamado "Sem-Povo" (*Ademos*). Por fim, enquanto nome de um livro, a palavra identifica uma obra cujo personagem principal é, ao fim e ao cabo, um náufrago luso contador de histórias e lorotas, que na ilha vivera longos anos, a ponto de aprender a língua, os usos e os costumes desse lugar-nenhum.

O livro seria o registro literário do particular encontro entre esse marinheiro e Thomas More, entre as histórias inusitadas de um luso e a curiosidade desconfiada de um humanista inglês inscrito, por seu turno, como personagem de sua própria obra. Obra essa que ainda registra um poema em latim do poeta laureado Anemolius (Ventoso ou Flatulento), sobrinho do marinho, que introduz mais uma ambiguidade no prefixo que forma a palavra Utopia: em princípio *ou* (não), mas por que não *eu* (bom, feliz)?

> **Lugar-Nenhum** já fui um dia, e longe estava;
> Mas ao Estado de Platão vou-me igualar,
> Ou superar, pois ao que era só palavra
> Infundi vida, e onde esta não se achava.
> Com homens, leis e feitos como outros não há,
> Por bons motivos, chamo-me hoje **Bom-Lugar**
>
> (MORE, 1993, p.180, edição da Martins Fontes; grifos nossos

> **Vtopia** priscis dicta, ob infrequentiam,
> Nunc ciuitatis aemula Platonicae,
> Fortasse victrix (nam quod illa literis
> Deliniauit, hoc ego una praestiti,
> Viris & opibus, optimisq legibus)
> **Eutopia** mérito sum uocanda nomine
>
> (MORE, 1978, p. 331)

Utopia é, na clave de Thomas More, palavra cujo sentido só parece compreensível, pois, à luz de um discurso com polifonia de vozes e personagens, tempos e espaços, dificilmente unívoco em sua compreensão. Mas é palavra inventada por um humanista que, não sendo ele próprio *Outopos,* não deixa de imprimir no livro, na ilha e no caráter do fundador as marcas da erudição de seu próprio tempo e lugar, lembra Prévost nas notas de sua edição da *Utopia* (1978, p. 241-253). Com neologismos gregos latinizados, com narrativas e diálogos que mobilizam diferentes níveis do latim, do falado ao elevado estilo escrito, do modelo ciceroniano à profusão de neologismo e de novas sintaxes, a obra tem singular arquitetura. Seu núcleo principal se divide em duas partes. A primeira é próxima do diálogo filosófico, a segunda de um relato de viagem. Precedido de uma carta-prefácio, esse núcleo foi envolvido com uma série de paratextos enriquecidos ao longo das quatro primeiras edições do livro, entre 1516-18 – poemas, alfabeto da ilha, mapa e mesmo cartas que comentam, complementam e às vezes até desdizem a história apresentada.

Com multiplicidade de códigos, pontos de vista e de histórias, a forma de exposição do universo utópico parece elaborada como um problema de tradução, vale dizer, de aprendizado, trânsito e interpretação entre diferentes línguas e textos: a língua da ilha da Utopia; o relato oral de um marinheiro luso; o registro erudito de um humanista do norte. No entrecruzamento disso tudo, um alfabeto utópico, cuja geometria e flexão ecoam raízes gregas e latinas (RACAULT, 2006), e uma quadra no vernáculo, como se esse poema estivesse na terceira margem das línguas clássicas. Ao lado do alfabeto e do poema, tal como estampado na 4ª edição do livro (Basiléia, novembro de 1518, reproduzida na edição crítica de André Prévost), um particular mapa da Utopia:

VTOPIENSIVM ALPHABETVM.
a b c d e f g h i k l m n o p q r ſ t u x y
ὁ ϴ Φ Θ Γ Θ Ͽ Ͼ Ꙍ Ϭ Δ Ꙁ L Γ ꓶ Θ Ⅲ Ꙑ ꙋ
TETRASTICHON VERNACVLA VTO/
PIENSIVM LINGVA.

Vtopos ha Boccas peula chama.
polta chamaan

Bargol he maglomi baccan
ſoma gymnoſophaon

Agrama gymnoſophon labarem
bacha bodamilomin

Voluala barchin heman la
lauoluola dramme pagloni.

HORVM VERSVVM AD VERBVM HAEC
EST SENTENTIA.
Vtopus me dux ex non inſula fecit inſulam.
Vna ego terrarum omnium abſcȷ philoſophia.
Ciuitatem philoſophicam expreſſi mortalibus.
Libenter impartio mea, non grauatim accipio meliora.

No mapa, o marinheiro, sob olhar atento de More, aponta para a ilha da Utopia. Sob seus pés, a inscrição com seu sobrenome: Hitlodeu (mais um nome construído com a raiz grega, agora para "contador de disparates"). No alto da ilha, na intersecção das cordas que a ligam à península, outra inscrição, indicando nome e localização da capital-eclipse. Abaixo, no lado esquerdo (ainda na ilha), a placa "Fonte Anidro". No lado direito, uma outra com "Ócio Anidro". Por sua vez, alfabeto utópico e transliteração vêm acompanhados de uma quadra em vernáculo e em versão latina, onde se lê (em tradução *ou*-tópica, mas talvez, porque minha, pouco *eu*-tópica):

> Utopos de península me fez ilha.
> Só eu numa terra sem filosofia.
> Filosófica ilha dou aos mortais.
> Reparto o que é meu, e alegre sou mais.

Tudo se passa como se o trânsito entre diferentes registros, línguas e estilos fosse condição da viagem; como se a própria língua da utopia (do livro, da ilha e do fundador) fosse uma língua de lugar-nenhum e de ninguém, a exigir uma particular utópica da tradução. Nesse sentido específico, a descoberta de lugar-nenhum poderia ser pensada como uma aventura pela linguagem, quase contemporânea de outra descoberta, a da máquina de Gutemberg, com suas promessas de um horizonte inédito pelo mundo dos livros através de rápidas e difusas impressões, traduções e leituras. Talvez por isso, como sugere Carlo Ginzburg (2004), Thomas More já pudesse imaginar que, em seu tempo, nenhuma ilha seria mais, apenas, uma ilha. E na verdade chegou mesmo a recear o modo como um público ampliado poderia descobrir seu livro, a ponto de criar jogos poéticos e retóricos cujos caminhos seriam acessíveis a poucos eruditos.

Seja como for, aventurar-se pela obra de Thomas More não significa se deparar, apenas, com as cifras eruditas de uma estranha descoberta. Sempre é possível reler sua obra não apenas como a descrição de uma ilha utópica, mas também – e sobretudo – como a invenção de uma linguagem sem-lugar, como se *ou-topos* fosse o destino de uma experiência culturalmente estabelecida de escrita, edição e leitura, mas por onde se infiltrariam os sinais de um modo diferente de ver o mundo e de contar sua história. Se a viagem para a utopia é uma Odisseia, sua casa é e não é Ítaca. Em alguma medida, como analisam Prévost e Racault, essa casa ainda tem como horizonte o encontro erudito do latim com a língua grega, qual um retorno da cultura renascentista a uma fonte primeira (fonte e ócio anidros?). Mas, ao mesmo tempo, por uma via irônica – ou por um "trabalho indireto", como diz More (1993, p. 54) na primeira parte do livro –, a viagem já estaria no limiar de uma experimentação verbal que transtorna a volta ao mesmo. Esse horizonte aberto é a casa da poesia. Utopia?

2.

"Utopia?", inquire a poeta Orides Fontela quando imagina, num despretensioso ensaio do início de 1997, a palavra poética como íntegra e integradora. "É uma palavra primeira, não só arcaica, mas futura e intemporal. (...) A palavra poética é íntegra neste sentido, de manifestar a língua em seu ser e possibilidades, e integradora porque é a linguagem básica que nos integra como seres humanos" (FONTELA, 2019, p. 31). Logo, continua inquirindo, o que seria o poeta? O que "(...) esse passado está fazendo aqui? Simples: garantindo o 'agora' e o futuro, projetando a necessária utopia. O sonho (...) sem o qual apodrecemos" (FONTELA, 2019, p. 31). Mas, ela própria questiona, isso não é romantismo exagerado e inútil utopismo? Seria, se utopias não fossem "(...) necessárias mesmo que, por definição, nunca se realizem. São os modelos que nos guiam contra a distopia do mundo atual" (FONTELA, 2019, p. 31-32). E assim Orides Fontela fizera, em um trecho de sua minipoética, em um brevíssimo jogo de perguntas e respostas, uma pequena trama analítica na qual urde seu conceito de poesia com fios utópicos.

Mas não é assim tão inusitado o modo de se fiar, utopicamente, essa matéria poética, uma vez que Orides Fontela parece ecoar alguns *topoi* bastante conhecidos, e nem sempre convergentes, da reflexão sobre a utopia. Desde ao menos o livro *O ano 2440*, composto por Louis-Sébastian Mercier em 1770 – lembra Koselleck (2014) –, a utopia não estaria mais no espaço, mas no tempo. De Mercier a William Morris, que em 1890 publica *Notícias de lugar-nenhum,* sua fonte se consolida como o sonho, pensado como dimensão desejante e constitutiva de uma condição humana em permanente insatisfação com o mundo presente.

Enquanto sonho acordado, logo, enraizado no plano da consciência, a utopia não seria tanto a descoberta de um não-lugar, mas de um sujeito ele próprio *ou-topos* no mundo atual. Qual uma espécie de "não-ser--ainda" (para ecoar a conceitualização de Ernst Bloch, realizada nas primeiras décadas do XX), esse sujeito extrairia sua autopoiese do futuro. Transitando por esses *topoi,* Orides Fontela oscila entre as dimensões incertas do sonho e as certezas de "modelos que nos guiam", além de permanecer no solo um pouco vago da palavra poética enquanto descoberta da língua em suas possibilidades, sobretudo aquela de nos integrar como seres humanos.

Lugares-comuns sobre a tradição utópica? Em boa parte, sim, se nos lembrarmos da reflexão contemporânea sobre as utopias, nem tanto o *topos* de sua temporalização futurista, por assim dizer, mas sobretudo o de sua inscrição como próprio da condição do homem moderno, tanto num horizonte ontológico (a exemplo daquele "não-ser-ainda", segundo Bloch [2005]), como numa dimensão ética (a do encontro, sem posse, entre um Eu e um Tu num *ethos* comunitário, como em Martin Buber [2015]). Porém, também é verdade que algo precisamente incomum se insinua com a poeta. Isso ocorre quando Orides Fontela se lança rumo à ideia da própria linguagem como *ou-topos*, como se, num salto de séculos, redescobrisse o gesto inaugural de Thomas More, ainda que, salvo engano, não tenha feito do humanista inglês autor de sua particular biblioteca filosófica ou literária. Essa redescoberta não é retorno ao mesmo, mas reencontro com o espectro de uma linguagem viajante que a poeta transtorna, por sua vez, quando lê o poema como utopia e a utopia como um poema:

Utopia

I

Poema: casa
ao contrário

o exato in
verso
do abrigo.

II

Avisos. Perigos. Fugas-
Alta tensão nas
        Torres.

III

Poema: abrigo
im
possível

casa jamais
habitada

    Ao que se sabe, a feitura desse poema – ou sua última demão – é praticamente contemporânea daquela sua despretensiosa minipoética. Conta-nos Gustavo de Castro, seu biógrafo, que, no início de 1996 – mais precisamente em seu primeiro dia –, Orides Fontela acordara entusiasmada. Ela teria se sentado diante da máquina de escrever e trabalhado sem parar na revisão de *Teia,* seu último livro. Após, continuou a trabalhar, criando novos poemas ou finalizando antigos, sem que o biógrafo esclareça, propriamente, a extensão do que haveria totalmente de novo ou de revisto no *corpus* que ele recuperou. O que fica claro é o particular artesanato da poeta. Nem tanto no uso da velha máquina de escrever, ainda comum em meados da década de 1990, mas no exercício de colheita de rascunhos e indícios de poemas escritos no caderno pessoal, em folhas avulsas e em livros ao alcance de sua mão. O biógrafo sugere algo notável: ainda há muito a ser colhido na marginália do que fora sua biblioteca pessoal – anotações avulsas e mesmo poemas inteiros. Oito, ao menos, a própria Orides colhera ou finalizara naquele início de ano, para publicá-los em janeiro / fevereiro de 1997 na *Revista de Cultura Vozes,* acompanhados, justamente, daquele despretensioso ensaio que a própria intitulou como "Uma despretensiosa minipoética". Do impulso inicial de 1996, muitos poemas permaneceram inéditos, sendo reencontrados numa caixa de arquivo em 2011. Um total de 26 (ou 27, se um díptico for tomado como dois poemas separados) foram publicados pela primeira vez em 2015 na própria biografia de Castro e nas obras completas organizadas por Luis Dolhnikoff. "Utopia" faz parte dessa coleção de poemas não recolhidos em livro pela própria poeta.

No poema, se reconhecem traços característicos de sua obra: a extrema contenção e economia de palavras (nessa poeta que escreveu poemas inteiros, como "Utopia", sem o uso da forma verbal – mas o que seria a utopia de uma casa de palavras desabitada do verbo?); o corte inusitado do verso e das palavras, produzindo particular rítmica e efeitos de ambiguidade (o já citado "in / verso / do abrigo", cujo efeito de adensamento é precedido, ironicamente, de um "exato"; ou o "abrigo / im / possível" da última estrofe, no qual a impossibilidade do abrigo se projeta como o possível do poema); a dimensão metalinguística (de versos sobre diferentes (in)versões e (im)possibilidades do verso); e uma particular enervação do poema em sua estrofe mediana ("Avisos. Perigos. Fugas- / Alta tensão nas / Torres"), irradiando para as partes I e II a razão de estado da poesia como configuração simbólica de uma impossível pacificação.

Não é acaso, então, se a casa da palavra inventa um sujeito desabituado a permanecer no mesmo lugar. No sistema de imagens da poesia de Orides, essa "casa jamais / habitada" tem seus correspondentes principais, qual face e contraface, em poemas como "Ovo" (entre os recolhidos das folhas avulsas) e "Casulo" (do livro *Teia*), todos os dois simbolizando o trabalho oculto de transmudar-se – à "casa / ao contrário", com um sujeito desabitado e desabituado (*ou-topos*), corresponde a imagem do ovo, em silêncio, preparando o voo; ou o trabalho oculto do casulo, essa "ardente trama / da meta / morfose". Se nenhuma ilha é uma ilha, todo abrigo é o exato (in) verso do abrigo. Não há, pois, apenas uma única palavra ou imagem para dar conta dessa potência sempre a um passo do incerto, embora "Utopia" seja um sugestivo título para dar sentido, justamente, a essa (in)certa poética, sem lugar no sistema literário brasileiro – "sem bairrismo, sem regionalismo, sem nacionalismo; à margem de 'vanguardas'; imune à parodização como sistema; sem biografismo, sem confessionalismo, sem psicologismo; sem expansão retórica, mas sem minimalismo triunfalista; fora do anedótico, do panfleto, da provocação; sem bandeira política, estética ou ecológica; sem escatologia agressiva, dramatismo ou ressentimento", poderíamos dizer, em outro contexto, com Alcides Villaça (2014, p. 310).

"Em que águas, afinal, navega ou lança âncora a poesia sem rótulo de Orides?", pergunta o mesmo intérprete. Talvez nas águas da "Aventura", como lido num dos poemas avulsos assim intitulado. Esse é um poema razoavelmente simétrico, no tema e nos traços estilísticos, aos versos de "Utopia". E também se inscreve, nele, uma das palavras mais recorrentes nos últimos passos de sua obra – "o aberto":

Aventura

Sus
pense entre
    o chão e o
signo

névoa o
agora
e o próximo pas
so in
    certo

ser – horizonte –
continua
mente em
aberto.

O poema foi encontrado em dois de seus papeis datilografados, como pode ser visto nas reproduções publicadas por Gustavo de Castro em sua biografia. No primeiro papel, antecedendo outros dois poemas ("Lápide" e "O aguaceiro"), há uma pequena variante: "perpetuamente em" no lugar de "continua / mente em". No segundo papel, o poema, já modificado, vem logo abaixo dos versos de "Utopia", sugerindo um jogo consciente de correspondência entre os dois. Escrito ou editado, muito provavelmente, naqueles anos de 1996-97, correra praticamente ao lado da edição final do livro *Teia,* onde é possível ler o mesmo signo de seu título em versos curtos e abruptos, de sabor heraclitiano, presentes numa série intitulada "Narciso (jogos): "A aventura / – a / ventura – / fluir / sempre". Já o signo do "aberto", propriamente, é *topos* recorrente dos inéditos. Ele reaparece com centralidade em, ao menos, três poemas, editados nas obras completas e na biografia de Gustavo Castro sempre em sequência: 1º) "O aberto / vive // chaga e ou / estrela / é / eterno. // O aberto / brilha / destrói muros / amor intenso / e livre."; 2º) "Este momento: arisco // alimenta-me mas / foge / e inaugura o aberto / do tempo."; 3º) "Que vem / depois? / o / depois. // O que é / certo? / o mais incerto // o indefinido o / aberto". A invenção de um ser – ou horizonte – na eternidade de um tempo aberto: Orides não continua, aqui, na casa da utopia?

***

E por que alguém escreve?
– Para isso, o que foi dito acima, tentar abrir, dobra a dobra, insistindo.
(CECIM, 2006)

A casa da utopia é a insistência. Seu chão, a escrita. Talvez por isso Orides Fontela tenha insistido em um sistema simbólico de dissonantes simetrias, nas quais a reiteração de palavras ou imagens correspondentes, antes de ser a repetição do mesmo, busca novo impulso para novas nuances. Não seria essa a particular invenção de uma utopia do poema – como, em outro contexto, sugere Henri Meschonnic (2002) –, segundo a qual a parecença de símbolos, qual as paredes cerradas da casa, do ovo e do casulo, compõe a silenciosa trama das metamorfoses? Nada mais diferente de Thomas More, que inventou línguas inimagináveis ou neologismos surpreendentes para descobrir, com a pena da galhofa, o novo continente de lugar-nenhum. Nada mais parecido, entretanto, quando Fontela enerva as palavras da tribo para fazer da aventura silenciosa do poema não o solo da resignação ao mesmo, mas a casa de um amor, intenso e livre, ao aberto. Utopia?

REFERÊNCIAS

BLOCH, Ernst. *O princípio esperança*. Vol. 1. Rio de Janeiro: Contraponto/PUC-Rio, 2005.

BUBER, Martin. *O socialismo utópico*. São Paulo: Perspectiva, 2015.

CASTRO, Gustavo. *O enigma Orides*. São Paulo: Hedra, 2015.

CECIM, Vicente Franz. *Ó serdespanto: viagem a Andara – O livro invisível*. Rio de Janeiro: Bertrand Brasil, 2006.

FONTELA, Orides. "Poética: uma – despretensiosa – minipoética". In: MATOS, Nathan (Org.). *Orides Fontela: toda palavra é crueldade. Depoimentos, entrevistas, resenhas*. Belo Horizonte: Moinhos, 2019.

FONTELA, Orides. *Poesia completa*. Organização de Luis Dolhnikoff. São Paulo: Hedra, 2015.

GINZBURG, Carlo. "O velho e o Novo Mundo visto de Utopia". In: *Nenhuma ilha é uma ilha: quatro visões da literatura inglesa*. São Paulo: Cia das Letras, 2004.

KOSELLECK, Reinhart. "A temporalização da utopia". In: *Estratos do tempo*. Rio de Janeiro: Contraponto/PUC-Rio, 2014.

MESCHONNIC, Henri. "Le poème comme utopie". In: RIOT-SACEY et al (Orgs). *Dictionnnaire des utopies*. Paris: Larousse, 2002.

MORE, Thomas. *L'Utopie*. Aparato crítico, tradução e notas de André Prévost. Paris: Éditions Mame, 1978.

MORE, Thomas. *Utopia*. São Paulo: Martins Fontes, 1993.

MORRIS, William. *Notícias e lugar-nenhum, ou uma época de tranquilidade*. São Paulo: Perseu Abramo, 2002.

RACAULT, Jean-Michel. "La question des langues dans L' Utopie de Thomas More". In: *Morus* – Utopia e Renascimento. Vol. 3. Campinas: Unicamp, 2006.

VILLAÇA, Alcides. "Símbolo e acontecimento na poesia de Orides". *Estudos Avançados*, v. 29, n. 85, 2015.

II. Políticas da poeta

"Há muita poesia na filosofia, sim"

Pedro Duarte

Preâmbulo

Este ensaio foi elaborado e enunciado sob circunstâncias que, sucedendo a apreensão, estavam carregadas de tristeza. Os versos de Orides que vinham à mente eram aqueles que dizem: "alta agonia é ser, difícil prova". O momento social e político apontava – ao fim de 2018 e não sei por quanto tempo mais – para tudo que contraria a esperança que vejo nos poemas de Orides Fontela. Seus versos pouco tratam explicitamente de sociedade e política. Tratam, porém, da alta agonia que é ser, dessa difícil prova. Sua fidelidade ao poético é fidelidade à pluralidade da palavra em estado de nascimento; e o que hoje foi eleito e escolhido por tanta gente para governar parte de nossas vidas é o contrário. Precisamente por isso, insistir em falar de poesia e deixar que sua origem enquanto fonte permaneça agindo em nós pode ser, em seu discreto silêncio, o que prepara o grito de um novo nascimento. Nem tudo se decide no grito. Isso, em si, já é uma lição da poesia. Mas outra é que, sem percebermos, ela mesma pode estar gerando um grito a ser escutado. Pois, como escreveu Orides, só o nascimento grita.

1. Poesia na filosofia

Orides Fontela acreditava que havia poesia na filosofia. Não considerava filósofos exatamente descobridores, mas sim criadores. Citava fragmentos de Heráclito e diálogos de Platão, originados na Grécia Antiga, mas também os textos de Heidegger, no século XX, como exemplos dessa poesia na filosofia ou, conforme ela dizia, de uma fonte que incita e embriaga – que dá o que pensar. Orides estava em uma posição privilegiada para perceber tal elemento de poesia na filosofia, uma vez que ela, como raramente se vê, entretinha em sua vida essa aproximação dos versos com os conceitos, ou das imagens com as ideias. Nascida em 1940 e morta em 1998, a poeta paulista cursou filosofia e, sobretudo, a trouxe para junto de si.

Desse ponto de vista, Orides pode ser situada nas trilhas abertas, ainda no fim do século XVIII, pelo Romantismo alemão, já que ali um grupo de pensadores, capitaneados por Friedrich Schlegel, defendeu justamente que tudo o que se poderia fazer, enquanto poesia e filosofia estivessem separadas, estava pronto e acabado, portanto era já época de juntá-las. Naquele momento da história, as dificuldades para essa junção eram bem maiores do que no século XX, de Orides. Os sistemas de pensamento do final do século XVIII, como o de Kant, ou do século XIX, como o de Hegel, separavam ciosamente as coisas: conhecimento, moral e estética; arte, religião e filosofia. O Romantismo foi um estio maravilhoso do tempo, como disse a poeta portuguesa Sophia de Mello Breyner. Nesse estio do tempo moderno, poesia e filosofia se encontraram surpreendente e amorosamente.

No contexto do Romantismo, antecipava-se a tese de Orides: "há muita poesia na filosofia, sim", diz ela. Evidentemente, este "sim" ao final da frase supõe que o seu começo dispõe-se contra um pano de fundo no qual "não", não haveria poesia na filosofia. Esse "sim" é a cifra de uma insistência que se sabe extemporânea, que é consciente de que se expõe contra uma opinião mais geral ou tradicional. De fato, é assim. Platão, por exemplo, já afirmava que vinha de antigamente a querela entre a poesia e a filosofia. Ora, quando Platão diz que algo vinha de antigamente, é porque é mesmo algo muito antigo, pois que precede o século IV a.C. Ele próprio, aliás, foi quem deu à querela a sua forma acabada e lapidar para dois milênios e meio de metafísica: a poesia seria uma ilusão perigosa e a filosofia seria a verdade confiável; a poesia seria aparência bela e a filosofia seria essência profunda.

Isso conferiu a Platão o posto de grande inimigo histórico da poesia. Em princípio, é contra a tradição fundada por ele que Orides precisa dizer que, sim, existe poesia na filosofia, ou seja, que uma coisa não exclui a outra. Tanto assim que, na verdade, o próprio Platão, a despeito de suas declarações, as fez em textos cheios de poesia. O Romantismo se dá conta disso. Platão expulsa os poetas da república ideal que formula conceitualmente, mas o faz em diálogos teatrais, compõe personagens, inventa alegorias. O poeta romântico Friedrich Hölderlin pensava que no fim exclamaríamos todos: santo Platão, perdoa-nos, pois pecamos gravemente contra ti. Nós podemos parafrasear Orides: há muita poesia até em Platão, sim!

2. Três sentidos da poesia na filosofia

Há muitas maneiras de se achar poesia na filosofia. Eu vejo basicamente três, as quais vou enumerar sumariamente aqui, pois na verdade me interessa apenas a última delas: não por ser superior às outras, mas porque me parece ser aquela de que Orides está falando precisamente e que encontramos em seus próprios versos. Essas três maneiras são: a identificação de que a filosofia fala por metáforas e imagens, não somente por conceitos; o reconhecimento de que a filosofia também é sempre uma forma de linguagem na qual o pensamento é expresso, assim como a poesia; e o encontro da palavra não em seu uso habitual de comunicação pragmática de funções e conteúdos, mas em estado livre, de nascimento, ou seja, de fonte e de incitação – que faz pensar e sentir simultaneamente.

Não é difícil, em relação ao primeiro modo de achar poesia na filosofia, citar que, desde os primórdios, sua pureza conceitual é altamente falaciosa. Os pensadores na Grécia antiga falavam por imagens a todo instante. Para eles, o raciocínio não era apenas um gélido construto exato, era animado pelas metáforas ao significar o mundo e a vida. O poeta Paul Valéry é quem nos lembra: Heráclito mencionou um rio sinistro no qual jamais se pode entrar duas vezes, Platão conta a respeito de uma caverna escura cheia de prisioneiros, Zenão comenta sobre um Aquiles a correr ofegante atrás de uma tartaruga incansável que ele jamais alcança. E depois vieram vários outros, até chegarmos a um Nietzsche, com a sua águia e a sua serpente, o seu equilibrista na corda bamba. Paul Valéry afirma que é uma figuração de ideias, que poderia constituir um ballet metafísico muito bonito.

O segundo modo de achar poesia na filosofia é atestado por pensadores que são, cronologicamente, mais próximos de nós. Trata-se de atentar para a condição de texto, escrita, forma, estilo. Walter Benjamin, nos anos 1920, dizia que era típico da literatura filosófica confrontar-se, a cada vez, com a questão da apresentação, da linguagem. Ou seja, filosofia não seria só ideia ou conceito, mas uma realidade material. Não seria só conteúdo, mas também forma, algo que evidentemente faz parte da poesia. Um poema nunca é o que é por causa apenas de seu tema ou da sua ideia, e sim pela forma como ele é construído. Do mesmo modo, como outro pensador contemporâneo disse, Gilles Deleuze, os grandes filósofos são também grandes estilistas: assim como poetas, eles têm um estilo próprio.

Finalmente, a terceira maneira de achar poesia na filosofia é ouvi-la não como o baluarte das definições precisas, que eliminaria as ambiguidades da linguagem, e sim como a instauração de uma abertura para o ser em sua pluralidade. Nela, as palavras, ao invés de se fecharem como significantes para um significado, abrem-se a um ser que está sempre sendo. O nome de Orides Fontela – se ousarmos uma escuta "orecular" como a que o poeta Oswald de Andrade sugere em seu *Manifesto antropófago* – pode ecoar assim: Orides, origens; Fontela, fontes. Origem não é, aqui, um começo abandonado e atrás de nós; é aquilo que, tendo sido, ainda é – e assim dá origem, origina. Fontela é fonte não como documento ou prova, o que atesta o início factual; é aquilo que é manancial, de onde algo jorra, como quando procuramos uma fonte de água, de onde a vida brota sem explicação.

3. Origem

Dizemos muitas vezes que é preciso ter a cabeça aberta, ou seja, não se fechar em opiniões prontas que trazemos conosco. Talvez, contudo, devamos ser mais específicos e abrir nossos ouvidos, a fim de escutar como as palavras ecoam. Orides ecoa origem. E origem, por sua vez, é um movimento, e não um ponto parado, já dado. Origem é o movimento pelo qual algo se origina, vem a ser. Origem é aquilo que, estando na partida, dá a partida e jamais deixa de ser. Origem é raiz, ou seja, é o que enraíza no passado e, simultaneamente, destina a um futuro que nunca se despede dela, mas dela devém. Origem é raiz pois é a radicalidade de ser lançado no tempo. Por isso, a raiz é o fruto. Por isso, só a raiz é o fruto.

>**Origem**
>
>Nem flor nem folha mas
>raiz
>absoluta. Amarga.
>
>Nem ramos nem botões. Raiz
>   íntegra. Sórdida.
>
>   Nem tronco ou
>   caule. Nem sequer planta
>   - só a raiz
>   é o fruto.

O passado que enraíza e no qual estamos enraizados não é apenas um fardo que temos que carregar e nem um paradigma que temos que ultrapassar. O passado é raiz. Sendo raiz, o passado é também fruto. Ele

109

frutifica. Dele pode vir não apenas o presente que já é, mas também um futuro que ainda não é e que não sabemos o que pode ser. Não se trata, assim, de procurar uma saída de nossa época, que nos aflige, mas de buscar entrar nela, achar sua e nossa raiz. Trata-se de entrar para o aberto de nossa história, e não de sair do fechamento que se anuncia. É ouvir os mortos, dialogar com os vivos, escrever para os que estão por vir. Linguagem, em estado de poesia, é esse nascimento. É passado, é presente, é futuro. Orides nomeia, em seu poema, a origem da poesia e a poesia da origem, o canto sóbrio do nascimento que é vida vivida, de dentro e por dentro, desde a raiz que é fruto.

E há, ainda, este "só". O "só" soa. Ressoa. Quando o faz, não apenas diz que a raiz, exclusivamente ela, é o fruto. Diz também solidão. Lendo pela primeira vez o poema, parece que o "só" quer dizer: apenas. Lendo pela segunda, contudo, parece que ele diz também esse estar consigo. Os dois sentidos se juntam numa espécie de coragem, a coragem da poesia. Não há probabilidades de apostas aqui e ali, só a raiz é fruto – apenas ela. Não há dispersão aqui e ali, só a raiz é fruto – solitariamente. O futuro fruto que devém da raiz passada aparecerá no mundo, está lançado, apenas e sozinho. Não há, por isso, de se procurar saídas de nosso mundo e de nossa história, por enrascados que estejamos, mas sim entrada. Pois só a raiz é fruto. Pois a hora pede de nós a radicalidade. Ser radical não deveria soar pejorativamente. É ir até a raiz. É ir até a raiz porque se sabe que só a raiz é fruto.

4. Fonte

Fontela trouxe, em seu nome próprio, a palavra fonte. Fonte parece quase sinônimo de origem. Nenhuma palavra, entretanto, é sinônima perfeita da outra. Fonte é a palavra que esclarece o sentido de origem. Origem é fonte pois é o sítio de onde algo brota, ou seja, de onde algo se origina. Fonte é jorro originário. Fonte é poesia, produção, vir a ser. Fonte é o que esclarece que a origem jamais é parada e estática. É um movimento. É algo que menos é do que está sendo. Raiz é fruto. O poder da origem é ser fonte. É nascimento. É maiêutica. É arte do parto, de parir. Essa arte esteve no começo da filosofia. Sócrates, que nunca escreveu uma linha mas de quem sabemos pelos testemunhos daqueles que beberam na sua fonte, já dizia que seu método era a maiêutica. Metaforicamente, concebia o pensamento a partir da experiência parturiente: dar à luz. Maiêutica é fonte. É geração.

Maiêutica

Gerar é escura
lenta
forma in
      forme

gerar é
força
silenciosa
firme

gerar é
trabalho
opaco:

só o nascimento
grita.

Gerar é fonte silenciosa, escreveu Orides. O título desse seu poema é uma explícita referência a Sócrates, portanto à filosofia. Não há apenas poesia na filosofia, há também filosofia na poesia. Orides cita Sócrates e o modo como ele compreendia o que é a filosofia porque este modo não é tão diferente de como ela compreende o que é a poesia. Maiêutica. Origem. Fonte. Geração. Isso se dá, tantas vezes, pelo silêncio. Conhecemos bastante o personagem de Sócrates que foi criado por Platão, seu discípulo. Esse personagem fala muito. Fala demais. Pouco silencia. Deixa os seus interlocutores na posição, eles sim, da escuta silenciosa, em geral reduzidos ao papel de concordância e confirmação. Contudo, ao que se sabe, o homem Sócrates, ao contrário, preferia ouvir. Deixava os outros falarem, já que isso era decisivo no método maiêutico. Gerar é força silenciosa. Sócrates, como um parteiro, queria deixar vir a ser a ideia que não lhe pertencia. O nascimento no qual ele se envolvia era de algo que não o pertencia. Tratava-se aí de escutar: de abrir os ouvidos. Pois toda fala só ganha sua pertinência a partir de uma escuta, e deve ser uma resposta a ela. Falar já é, em si, responder, como dizia Heidegger.

Logo, a maiêutica é força. Ou, como cantaria Caetano Veloso, é força estanha. Ou, como diz Orides, força silenciosa. Firme. Força não é fôrma, e coloca em questão o que é a forma. Gerar é força, é movimento, é passagem, é fonte: forma in-forme. Forma tomando forma, se informando. Não é uma forma sólida, parada, definida. É o instante da linha que está se desenhando, é o instante da palavra que está se escrevendo. É o estado de nascimento da linguagem, do mundo e das coisas. Gerar é isso. Não resultado, mas processo. Lento. No tempo que é o seu. Gerar é silêncio porque só o nascimento grita. No ritmo das estrofes do poema, é como se as três primeiras, que falam do gerar, fossem o próprio gerar, pela linguagem, do nascimento, que se dá só na quarta estrofe. Elas preparam, no seu silêncio, o grito por vir, que é o nascimento, ele próprio. E só ele grita.

Nossos tempos podem ser sombrios. Talvez não enxerguemos neles nada que dê ânimo, como o nascimento. Por ora, nada grita assim. E, assim como "só" a raiz é fruto, também "só" o nascimento grita – apenas ele, solitariamente ele. Contudo, a geração pode ser silenciosa, a maiêutica inclui isso. Nos tempos sombrios, pode haver geração, pois ela é um trabalho opaco, e não transparente. Por isso, poesia, embora não seja ativismo político, pode ser ação – na própria linguagem, na qual a geração se gesta para que haja nascimento. Falar é verbo. Falar é ação. Embora falemos em geral apenas para comunicar significados já conhecidos, há um estado no qual as palavras revelam significados não sabidos. Poesia é isso, é a linguagem em estado de nascimento. Nesse sentido, o poema "Maiêutica", de Orides, é também uma arte poética sua. Pois poesia é maiêutica. Geração silenciosa e nascimento que grita: uma ação única pela qual se coloca em movimento algo novo, ou seja, algo que antes não havia. Poesia é o vir a ser do ser.

Epílogo

Diante da pressão que se coloca sobre nós nesse momento da história, no qual a política ameaça a própria política, a pergunta que volta à baila é: o que fazer? O problema, contudo, pode estar já na formulação da pergunta. Pois agir é diferente de fazer. Enquanto agir é pôr-se entre os seres humanos com palavras, fazer é produzir objetos que funcionem no mundo. Enquanto agir é a surpresa de estar, pela linguagem, junto aos outros, fazer é o planejamento da fabricação de coisas. Logo, o problema pode ser justamente que nos preocupamos demais em fazer e nos ocupamos pouco em agir. Supomos que, ao fazer, conseguiremos respostas, inclusive para a própria pergunta: o que fazer? Sob esse aspecto, Orides Fontela parece ter deixado para nós uma correspondência supreendentemente atual.

Carta

Da
vida
não se espera resposta.

Não se espera resposta da vida. Daí a ingenuidade da pergunta: o que fazer? Nós não a responderemos nem agora, nem nunca. Pois da vida não se espera resposta. Talvez, no máximo, da vida – e da poesia e da filosofia – se espere nascimento. É o que um pensador grego já havia dito: é preciso esperar o inesperado.

A precisão da poesia: Orides Fontela

Marcia Sá Cavalcante Schuback

A poesia é preciso. É preciso, mais que preciso nesse momento em que não só confirmamos o esvaziamento das palavras e dos sentidos, mas assistimos ao espetáculo tecnomidiático desse esvaziamento extirpar a possibilidade do dizer e da palavra fazerem algum sentido, nesse momento, em que o próprio sentido é usado contra si mesmo, em que sentido vira por toda parte antissentido. Mas como precisar a precisão da poesia? Procurando o auxílio da teoria para propor uma teoria da precisão poética? Como desenvolver porém uma teoria da poesia? Conhecemos inúmeras teorias da poesia: estéticas, linguísticas, políticas, psicológicas, estilísticas, estruturalistas, hermenêuticas, materialistas, idealistas, contextuais, intertextuais, e todos os adjetivos formados dos incontáveis "ismos" da história das ideias. Admitindo que a filosofia é a teoria da teoria, faria então mais sentido cogitar sobre uma filosofia da precisão poética? (NANCY, 2013). Mas, por mais poética que possa ser uma filosofia ou uma teoria, não se estaria sempre buscando uma instância exterior à poesia para precisar a precisão que só pertence à poesia? E, mesmo que se tentasse elaborar uma poética da precisão, não se estaria levando a poesia para fora ou além dela mesma? Essas perguntas evidenciam a difícil relação entre teoria e poesia e, em última instância, entre filosofia e poesia. Muito se pode dizer sobre essa relação, muitas citações de filósofos e poetas a respeito dessa relação podem ser relembradas e discutidas. Mas o que um momento tão extremo como o nosso parece reivindicar não é tanto a formulação de uma teoria, de uma filosofia ou de uma poética da precisão poética, mas de como dar palavra ao impreciso e doloroso vir à palavra, e de como pensar não apenas os sentidos de precisão e a precisão dos sentidos, mas o vir ao sentido de um sentido. Pois talvez seja nesse dar palavra ao vir à palavra e pensar o vir ao sentido de um sentido, nessa experiência de "fonte" e "ferida", que se torne possível precisar a precisão da palavra poética. Assim, em lugar de se buscar a palavra final, o sentido cabal de um movimento de dizer e pensar, caberia atentar à experiência de como a precisão da palavra poética lida com a imprecisão da busca da palavra, de como a precisão do sentido poético enfrenta o antissentido do sentido. A poesia seria portanto lição de um relacionar-se com o antissentido e a antipalavra, de uma lida com a dissolução e o esvaziamento das palavras e dos sentidos, uma dura lição de precisão num mundo rescindindo em todos os âmbitos o seu contrato de mundo.

Uma das mais extremas e intensas lições de precisão que nossa língua conhece, encontramos na poesia de Orides Fontela. Como ser poeta em tempos de disseminação e usurpação não só das palavras e de seus sentidos, dos sentidos e de suas palavras, mas da própria existência, quando se está a todo momento por um triz de uma desistência da vida e do real? Num poema datado de 23 de julho de 1964, podemos ler:

> Cansa-me ser. A chaga inumerável
> de mim cintila; sem palavras, úmida
> fonte rubra do ser, anseio e tédio
> de prosseguir, inabitada, viva.
>
> Prosseguir. Ai, presença ignorada
> do ser em mim, segredo e contingência,
> espelho, cristal raso, submerso
> na eternidade do existir, tranquilo.
>
> Cansa-me ser. Ai chaga e antigo sonho
> de áureas transmutações e vidas outras
> além de mim, além de uma outra vida!

> Mas amolda-me o ser. Prende-me a essência
> (raiz profunda e vera) a imutável
> condição de ser fonte e ser ferida.
>
> (FONTELA, 2015, p. 293)

Na dor do cansaço de ser, no tédio da dificuldade de ter de prosseguir, no momento em que os artigos definidos viram grito – "a chaga", "ai chaga", está-se "sem palavras". Mas nesse "sem palavras" escuta-se como, nesse grito, grita "ai, a presença do ser em mim", o "segredo e contingência" de ser, a "eternidade do existir, tranquilo". Nesse gritar de ser dentro do grito do cansaço de ser, escuta-se como o "sonho de áureas transmutações e vidas outras além de mim, além de uma outra vida" é antigo. Ao descobrir a antiguidade desse sonho escuta-se como "amolda-me o ser", como "prende-me a essência (raiz e vera) a imutável condição de ser fonte e ser ferida". O poema fala de um outro sentido de transformação que não mais se define como busca de uma "vida além de mim, vida além de outra vida" mas de ser amoldado por ser, pela eternidade do existir, de ser preso pela imutável condição de ser fonte e ser ferida. Fala aqui um outro sentido de resistência ao cansaço de ser e ao tédio de prosseguir. Como diz um outro poema do mesmo período, aqui a

> Alta agonia é ser, difícil prova:
> entre metamorfoses superar-se
> e- essência viva em pureza extrema
> despir os sortilégios, brumas, mitos.
>
> (FONTELA, 2015, p. 292)

A resistência é "despir os sortilégios, brumas, mitos" de uma outra vida. É mergulhar na "pureza da contingência extrema", essa de simplesmente ser, "ser pleno" que só é pleno por nada ser além de estar sendo.

Esse simplesmente ser constitui a "difícil prova", a "alta agonia", onde um outro sentido de transformação que estamos chamando também de resistência se expõe. Como dizer esse outro sentido? Como dizer ser simplesmente? Nessa prova e agonia de ser, fica-se "sem palavras", um sem palavras que sempre acompanha a dor e seus gritos, "ai". A precisão da palavra poética num momento de despedaçamento das palavras e dos sentidos, em que nada mais resta além de ser, que despe todo mito de um ser além de ser, está fundamentalmente ligada à experiência do "sem palavras".

Há vários modos de ficar "sem palavras". Na dor ou no amor, as palavras somem e fica o grito do insuportável ou o gemido do êxtase. Sem palavras fica-se quando tudo é difícil de dizer, seja porque tudo está por dizer ou por não haver nada mais a dizer. Num poema intitulado "Fala", que compõe o primeiro livro de poemas de Orides, *Transposição*, escrito entre 1966 e 1967, podemos ouvir:

> Tudo
> será difícil de dizer:
> a palavra real
> nunca é suave.
>
> Tudo será duro:
> luz impiedosa
> excessiva vivência
> consciência demais do ser.
>
> Tudo será
> capaz de ferir. Será
> agressivamente real.
> tão real que nos despedaça.
>
> Não há piedade nos signos
> e nem no amor: o ser
> é excessivamente lúcido
> e a palavra é densa e nos fere.
>
> (Toda palavra é crueldade)
>
> (FONTELA, 2015, p. 47)

O poema não diz que tudo é difícil de dizer, mas que tudo "será" difícil de dizer. Esse futuro não fala de nenhum futuro cogitado pelo sonho antigo de "áureas transformações", de alcançar um vida além da outra vida, um ser além de ser. Fala do estranho futuro inerente ao *estar sendo*, um futuro presente, difícil de dizer, impossível de se conjugar, pois o futuro já é "ser acontecido" (FONTELA, 2015, p. 87). Fala da dificuldade de dizer quando tudo se afina com a experiência de superar "esse sonho antigo" de um além da vida e "cair na real", expressão corriqueira que na língua poética de Orides se diz com receber a "luz impiedosa" da "excessiva vivência" da "consciência demais do ser". Sob a luz impiedosa, excessiva e demasiada dessa consciência vivida de ser, "tudo" "será difícil de dizer", "tudo será duro", "tudo será" "capaz de ferir" porque "tudo será agressivamente real". A dificuldade de dizer o real avassalando tudo, tornando tudo agressivamente real é a dificuldade de dizer a "palavra real", essa que "é densa e nos fere", a palavra real de que "toda palavra é crueldade". A dificuldade mais tremenda é a de dizer a palavra real. Aqui surge uma precisão da palavra poética precisa: a de ser palavra real e não uma palavra sobre o real.

Como distinguir "palavra real" de palavra sobre o real? Essa distinção refere-se à superação de uma distinção histórica, cultural, civilizacional e portanto habitual e entranhada entre a palavra e o real. Toda palavra é crueldade porque a palavra é real e não uma irrealidade impondo-se sobre o real ou uma segunda realidade paralela ao real. Num poema também do primeiro livro *Transposição*, intitulado "Ode I", ouvimos sobre a clareza dessa crueldade:

> O real? A palavra
> coisa humana
> humanidade
> penetrou no universo e eis que me entrega
> tão-somente uma rosa.
>
> (FONTELA, 2015, p. 52)

Real se dá como pergunta e a pergunta "o real?" já é a palavra como inscrição dessa pergunta. Enquanto inscrição da pergunta pelo real, cada palavra encena sempre de novo a crueldade de, na palavra, como palavra, desde a palavra, a coisa humana, a humanidade penetrar no universo e "eis que", nessa penetração, se entrega a cada um "tão-somente uma rosa", o tão-somente de uma rosa, a rosa de um tão-somente. A palavra humana é cruel não porque seria uma convenção, uma idealidade ou imaterialidade pretendendo corresponder ao real, uma não-rosa buscando uma adequação à coisa rosa. A crueldade da palavra está em ser, na sua humanidade, ou seja, no seu testemunho da penetração humana no universo, a entrega tão-somente de uma rosa. Essa penetração é real, tão agressivamente real, tão difícil de dizer como uma rosa. Ela é tão rosa como rosa não se separa de seu nome. E se a penetração humana no universo é violenta não é por tirar a rosa de sua inocência infante, sem fala, nome ou palavra mas, precisamente, por assassinar o nome da rosa, o nome da flor. É o que diz um outro poema de *Transposição*, chamado "Rosa":

> Eu assassinei o nome
> da flor
> e a mesma flor forma complexa
> simplifiquei-a no símbolo
> (mas sem elidir o sangue)
>
> Porém se unicamente
> a palavra FLOR – a palavra
> em si é humanidade
> como expressar mais o que
> é densidade inverbal, viva?
>
> (A ex-rosa, o crepúsculo
> o horizonte)
>
> Eu assassinei a palavra
> E tenho as mãos vivas em sangue.
>
> (FONTELA, 2015, p. 49)

O poema nos fala da palavra "flor". Tipografada com letras maiúsculas, a palavra "flor" diz ao mesmo tempo a palavra flor e a palavra enquanto flor. O assassinato que a penetração do humano no universo perpetra é de matar a força de nome das palavras, a força da palavra ser flor. O que a humanidade assassina não são as coisas, as flores, as rosas do real, mas a coisa, a flor, a rosa das palavras e dos nomes. A humanidade é assassina da linguagem. E esse logocídio começa pela crença de a palavra em si ser unicamente a e da humanidade. Pois nessa crença torna-se impossível "expressar mais o que é densidade inverbal, viva", o ser flor das palavras, o ser palavra das flores. Assim, rosa vira ex-rosa, mas ainda, daí o parênteses, "crepúsculo, horizonte", a perda de sua aurora, a aurora que Homero descreveu como "dedos cor de rosa", ῥοδοδάκτυλος. A rosa, tão presente na poesia de Orides, e explicitamente ligada à aurora, como no poema "Aurora", do livro *Rosácea* de 1986, que diz:

> Rosa, rosas. A primeira cor.
> Rosas que os cavalos
> Esmagam.

(FONTELA, 2015, p. 221)

A rosa das rosas, esmagada pelos cavalos, confirma que a violência humana não atua diretamente sobre as coisas mas antes sobre o humano para obrigá-lo a esporar cavalos sobre as rosas. A rosa dos dedos das palavras e o sangue das mãos vivas de seu assassinato expõem a raiz do antissentido e da antipalavra que hoje nos avassala como a ilusão da linguagem ser sobre o real e não *do* real. Na experiência da linguagem como sendo do real, o real se mostra antirreal. Não se trata apenas de uma inversão formal: o que antes era ideal é tratado como real e vice-versa. O que aqui se mostra é como a diferença entre humano e universo, entre linguagem e coisa, entre pensamento e realidade, narrada como um mito milenar contra o mito, se descobre como dobra de um leque. É como se a história não tivesse reparado que a presumida fissura entre o ideal e o real não passava da dobra de um leque. Em "Poemas do leque", que integra o livro *Helianto*, de 1973, ouvimos que:

IV
Grau a grau
(leque abrindo-se)
gesto por gesto
(leque abrindo-se) trama-se
a antirrosa e seu brilho
    gesto
    pleno.

V
Cultiva-se (cultua-se)
Em ato extremo
A antirrosa
Esplêndida

apresenta-se (apreende-se)
o árido ápice
luz vertical
extrema

VI
Re-descoberta:
o olharamor
apreende o
    QUE
VII
Leque aberto. O
Real
 o insolúvel real
 presença apenas.

(FONTELA, 2015, p. 112-113)

  Longe de fissura ou cisão, o real emerge aqui como leque abrindo-se, mostrando diferenças como dobras e plissados, "grau a grau", "gesto por gesto" onde o que antes se chamava "cultuar" aparece como cultivar, o que antes se dizia como "apreender" se mostra como apresentar-se e o que era rosa emerge como "antirrosa", "brilho", "gesto", "pleno". Não mais a rosa contra a palavra rosa, mas a dobra do real, do "insolúvel real", dobrando-se infinitamente em presenças apenas. "Antirrosa" diz a presença apenas do real insolúvel, a re-descoberta que apreende QUE em maiúsculo, *que* rosa é e não o que uma rosa é. *Que* ser é e não o que ser é, assim fala a linguagem real. Presença apenas do real insolúvel, a antirrosa se apresenta como dobra do círculo ômega do real, tipografado com O maiúsculo, o círculo, no poema intitulado "Círculo", se explica assim:

> O círculo
> é astuto:
> enrola-se
> envolve-se
>
> autofagicamente.
>
> Depois
> explode
> – galáxias! –
>
> abre-se
> vivo
> pulsa
>
> multiplica-se
>
> divindadecírculo
> perplexa
> (perversa?)
>
> o unicírculo
> devorando
> tudo.
>
> (FONTELA, 2015, p. 356)

A palavra antirrosa não separa a rosa do que ela não é mas, no "olha-ramor", a re-descobre como presença apenas, dobra do leque se abrindo do real, "autofagicamente", "devorando tudo". "Na rosa basta o ser: / nele tudo descanso", como dizem os versos de "Repouso", outro poema de *Helianto* (FONTELA, 2015, p. 151). O "anti" da antirrosa não nega, mas afirma, apresenta, coloca a rosa diante de seu brilho de gesto pleno, como diante de um espelho. Um poema de *Transposição*, intitulado "Poema II", explicita esse sentido ao dizer:

> Ser em espelho
> fluxo detido
> ante si mesmo
>
> lucidez.
>
> (FONTELA, 2015, p. 40)

É "anti" de "ante" ou "diante", mostrando um outro sentido de negação e resistência, que é o sentido mesmo de mostrar, aparecer, apresentar-se, expor-se. A poesia de Orides está cheia desses "anti": o poema "Anti-César", que re-descobre a história nos versos: "Não vim./ Não vi./Não havia guerra alguma" (FONTELA, 2015, p. 246); o poema "Antigênesis", que re-descobre um começo não mais como partida ou o partido e cindido mas como:

> Abóbada par
> tida
> os céus
> se rompem.
>
> Terra solvida. Vida finda. O
> Sopro
> reabsorve-se
>
> e a escuríssima
> água
> bebe

a
luz.

(FONTELA, 2015, p. 277)[1]

A partida e o partido com que representamos o começo, seja como partida do não-ser para o ser, como a separação de uma unidade ou expulsão de um paradisíaco repouso, se re-descobre aqui como abóbada par, um par de abóbada, tida, e quando os céus se rompem a terra emerge solvida e a vida finda, pois céus e terra se distinguem como um sopro se reabsorve, e a escuríssima água bebe a luz, de tal modo que o beber é a luz. E sempre esse O maiúsculo, ômega circulando o sopro do real. E há ainda todo um ciclo intitulado *O Antipássaro*, cantando um pássaro cujo "ninho é pedra", um pássaro que "pesa", que "resiste aos céus", que "perdura", "apesar".

A re-descoberta que a rosa, o César, a gênese, o pássaro do "anti" canta e conta vem sempre grafada com um hífen, que mais que uma separação que une ou um traço de união que separa, indica um ativo de "gesto em gesto", de "grau em grau", uma ferida e sofrida paciência, quase um trabalho de laboratório, como podemos ler no poema "Laboratório", também incluído em *Transposição*:

> Des-armamos o fato
> para – pacientemente
> re-generarmos a estrutura
>
> ser nascido do que
> apenas acontece.
>
> Re-fazemos a vida.
>
> (FONTELA, 2015, p. 36)

A palavra real é palavra des-armada, re-generada porque é palavra do "ser nascido do que/apenas acontece", palavra de vida re-feita de

---

1. Cf. também o poema "Gênesis" (FONTELA, 2015).

ser simplesmente. Re-descobrindo assim como o real é antirreal, é o real de ser simplesmente, de ser nascido do que apenas acontece, a palavra real, essa que não é sobre o real mas do real, se desprende da forma, ou melhor, do sentido de forma, para se re-descobrir "apenas equilíbrio de ritmos", para "viver o puro ato/inabitável" (FONTELA, 2015, p. 35).

> (...)
> Fluência detida do ser; forma
> - apenas equilíbrio de ritmos.
> (...)
>
> (FONTELA, 2015, p. 148)

A palavra real, cruel, fala a precisão áspera de palavras continuamente transpostas, uma tocando a outra, uma dobrando a outra no leque do real se abrindo. Ouvimos ao longo da obra de Orides inúmeras palavras formadas do toque de uma na outra, toque, não somente no sentido de contiguidade e justaposição, mas um sentido passando feito pássaro do que acontece, do instantâneo acontecer de ser: nasce assim um vocabulário do "instanteluz", das "coresinstantes", do "universofluxo", do "cantoflorvivência", do "novifluente", dos "vozesfragmentos", do "vermelhocéu", da "presençatempo", do "olharamor", da "elaestrela", da "elaflor", do "florinstante", do "oscilafulge", do "tempoinfância", do "corponave", do "interfecundar-se", do "tremeluzir", da "divindadecírculo", do "unicírculo", dos "olhosvivências". A palavra real é cruel porque precisa o imponderável impreciso do instanteluz, esse onde tudo oscila "entre norte e oriente" (FONTELA, 2015, p. 126), "entre o norte e o nada" (FONTELA, 2015, p. 126), mas nessa oscilação "tremeluz" "novifluente", feito traços no ar, rabiscos no céu, grafite na água, o acontecer de ser.

A precisão da palavra poética provém de uma escuta atenta ao equilíbrio rítmico do instante, essa "fluência detida de ser". É precisão de um olhar surpreendido pelo instante, preso por essa surpresa, descobrindo no instante uma "pedra tranquila", como ouvimos numa "Ode (II)", de *Alba* (1983):

> O instante-surpresa: pássaros
> atravessando o silêncio
>
> o
> Instante
> surpreso: conchas
> esmaltadas imóveis
>
> o instante
> esta pedra tranquila.
>
> (FONTELA, 2015, p. 212)

Nessa lição de precisão, em que a poesia dá palavra ao impreciso da oscilação "entre norte e oriente", às "pedras tranquilas" e às "conchas esmaltadas" do instante, re-faz-se a vida da existência. Aprende-se a re-existir. Assim, em lugar de procurar restos de sentido para resistir ao desvario do esvaziamento das palavras e dos sentidos pelo excesso de palavras sem sentido e de insensatez cheia de palavras, a precisão poética fala a língua da re-existência, língua que se pronuncia quando à flor da pele a existência fica "sem palavras", com sentidos na ponta da língua, e "sob a língua" abriga "o saber que a boca prova/ o sabor mortal da palavra". "Tudo será difícil de dizer" não porque tudo foi dito ou porque não há mais nada a dizer, mas porque tudo está por dizer, na ponta da língua, sob a língua, quando a existência está por um triz de desistir de existir. A precisão poética pede um treinamento muito duro e cruel, difícil e áspero que é "saber de cor o silêncio", escutar a movimentação oscilante do vir à palavra das palavras, o tremeluzir dos sentidos vindo ao sentido, sustentar-se na oscilação "entre o norte e o nada", onde pode se dar o "acontecer tão frágil" (FONTELA, 2015, p. 70) de uma palavra contida no silêncio, sentida no pensamento, "a palavra vencida e para sempre inesgotável" (FONTELA, 2015, p. 93). É o laboratório em que se re-faz a vida e se aprende a re-existir quando se acolhe que

> A vida é que nos tem: nada mais
> temos.
>
> (FONTELA, 2015, p. 369)

Na experiência de que não há ser além de ser, não há vida além da vida, de que nada mais temos além de a vida nos ter, de que ser basta e que tudo será difícil de dizer, tudo será duro, tudo será/capaz de ferir, aprende-se a re-existir à luz do instante, esse que não se cansa de ensinar que

> O aberto
> vive
>
> chaga e/ou
> estrela
> é
> eterno.
>
> O aberto
> brilha
> destrói muros
> amor intenso
> e livre.
>
> (FONTELA, 2015, p. 397)

REFERÊNCIAS

NANCY, Jean-Luc. "Fazer, a poesia". *Alea Estudos Latinos*, v. 15, n. 2, p. 414-422, 2013.

FONTELA, Orides. *Poesia Completa*. Organização de Luís Dolhnikoff. São Paulo: Hedra, 2015.

Trança: a poesia e o feminino

Marcela Oliveira

Uma das principais atividades tipicamente femininas desde os primórdios da civilização ocidental é fiar, tecer. Muitas são as referências literárias a personagens de mulheres que tecem tramas. Na poesia de Homero, considerado o grande pai de todos os poetas gregos e, portanto, a origem da nossa literatura, vemos Helena – figura que encarna o próprio arquétipo da beleza feminina que seduz e traz perigos – aparecer no relato da Guerra de Troia tecendo uma grande tapeçaria que mostra, justamente, imagens das batalhas entre gregos e troianos, em uma bela metalinguagem poética.

Também em Homero, encontra-se o mais famoso exemplo da nossa história literária de mulher que trama: Penélope, a esposa fiel de Ulisses, que fia durante o dia para desfiar à noite o tecido do qual depende o adiamento de um novo matrimônio, enquanto o herói da *Odisseia* não retorna à casa. Esse tecido, como veremos, representa nascimento e morte, é mortalha e véu ao mesmo tempo. Simboliza tanto o suposto fim da vida do primeiro marido – seu enterro simbólico, já que o rei se perdera no mar – quanto o possível início de uma nova vida através de bodas forçadas – os pretendentes invadem o palácio para obter a mão da rainha. Esse início seria, na verdade, o fim para Penélope, já que ela não deseja esquecer seu companheiro. Por isso, seu tecido aparece suspenso entre início e fim de si próprio, em constante tessitura e destruição.

Gostaria de indicar, desde já, que este texto, além de discutir aspectos do que se forjou histórica e literariamente como uma identidade do gênero feminino, pretende abordar o caráter efêmero de toda e qualquer construção humana, como é o caso da própria poesia, que ao longo da nossa tradição foi assunto privilegiadamente masculino, como tantos outros. A partir da ação de "tecer", pretende-se refletir sobre a passagem do tempo e a relação entretida com ele por nós, seres mortais, repartidos entre a memória do passado e a prospecção de um futuro em direção ao qual construímos nossas frágeis teias. O presente da tessitura – e do fazer poético – estaria suspenso entre esses dois caminhos opostos. Daí os fios de Penélope, conectados e anulados, constituírem uma forte imagem para a tarefa humana de dar sentido à existência acolhendo o que nela continua, sempre, escapando. Não se trata da construção de um edifício firme, capaz de proteger contra toda e qualquer intempérie, mas de algo mais próximo à metáfora nietzschiana da "teia de aranha", moradia flexível que se molda ao entorno e, ainda que sutilmente, resiste a ele de alguma forma (NIETZSCHE, 2004, p. 71).

*

Na mitologia grega, a deusa responsável por ensinar às mulheres a atividade manual da tecelagem, desenvolvida dentro dos ambientes particulares, é a mesma a quem cabe a defesa da cidade e da justiça, bem como o sucesso nos combates guerreiros, desempenhados à luz do dia no âmbito público. Essa função se deve à sua inteligência racional estratégica, que garante uma boa condução dos conflitos, seja na guerra ou na política, reinos tradicionalmente masculinos. Trata-se de Atena, a filha primogênita de Zeus, nascida do casamento (o primeiro de muitos) entre o rei do Olimpo e a deusa *Métis*, que no grego quer dizer Astúcia.[2]

---

2. Desenvolvi uma análise anterior sobre essa característica da Métis em relação com a ficção poética, como também se verá mais à frente neste texto, em outro artigo, intitulado "Ulisses e o ardil da narração", publicado na revista online *Viso* em 2015, no qual privilegiei o personagem de Ulisses e o tema da narrativa, enquanto agora o foco está em Penélope e na atividade de trançar.

De acordo com essa versão mítica, então, a inteligência astuta é originalmente feminina e deverá ser absorvida pela figura masculina para que esta possa comandar definitivamente todas as divindades a partir de uma organização previdente e estável de seu reinado. Nessa medida, o masculino que é Zeus será também constituído pelo feminino que é Métis, não sendo mais possível traçar uma distinção entre eles. Isso porque, contam os mitos, Métis era uma deusa da água, fluida o suficiente para se moldar às mais variadas formas. Capaz de se metamorfosear no que quer que seja, e assim encontrar caminho em qualquer situação, ela é insuflada por Zeus a assumir formas tão diferentes quanto as de um leão barbudo, um rinoceronte gigante, uma gota d'água – no que é, enfim, engolida pelo marido. Atena, que já estava em gestação no ventre de Métis, nasce da cabeça do pai, representando a inteligência que atrela em sua origem o feminino e o masculino, a artimanha e a racionalidade.

Atena é a madrinha de Ulisses, ou Odisseu, herói da *Odisseia*. Ele carrega consigo a habilidade do ardil. Consegue se safar dos mais terríveis perigos, muitas vezes sem enfrentá-los diretamente, cara a cara, mas através de estratagemas como o disfarce, o engano, a dissimulação. Nem é preciso lembrar que tais características são atreladas ao gênero feminino desde os relatos mais antigos da nossa cultura, sejam os gregos, de que tratamos aqui, ou os hebraicos, como a narrativa do pecado original a partir da sedução de Adão por Eva no *Gênesis*, primeiro livro da Bíblia judaico-cristã. A imagem arquetípica seria a de que a mulher convence, ardilosamente, fazendo curvas em suas intenções como a serpente, para que o homem caia em sua teia – podendo, inclusive, tornar-se sua vítima fatal, como fizera Clitemnestra, irmã de Helena e ambas primas de Penélope, ao se vingar do seu marido, o rei Agamêmnon, na volta de Tróia.

Foi também na volta da guerra que Ulisses se perdeu, não enredado pela esposa, conforme ocorreu a Agamêmnon, mas envolvido pelo ritmo da maré e pela trama do desconhecido – de gigantes que comem carne humana às sereias, elas mesmas símbolos do perigo da metamorfose feminina. Ele enfrentou desafios de maneira astuta, insistindo no retorno. É o herói tanto persistente quanto sofredor, que busca traçar seu caminho de volta para casa pelos descaminhos do mar. É isso que nos conta a abertura da *Odisseia*:

> Fala-me, Musa, do homem astuto que tanto vagueou, depois que de Troia destruiu a cidadela sagrada. Muitos foram os povos cujas cidades observou, cujos espíritos conheceu; e foram muitos no mar os sofrimentos por que passou para salvar a vida, para conseguir o retorno. (HOMERO, 2003, p. 25, canto I, versos 1-5)

Quem o esperava por vinte anos em casa, Ítaca, guardando seu posto de rei, era a sua mulher, Penélope. Coagida a se casar de novo, ou voltar para a casa paterna, ela mesma desenvolve um estratagema, mostrando ser tão astuta quanto o marido: seria preciso tecer uma mortalha em homenagem ao primeiro cônjuge, perdido no mar, antes de vestir um véu para novas bodas. A partir daí, é instalado um grande tear no centro do palácio, aos olhos de todos, onde ela tece durante o dia a trama que seria desfiada à luz das tochas, em seu quarto, à noite. Seu segredo é reverter sozinha o que todos testemunharam. Assim, poderia fazer o tempo parar de passar a fim de esperar o retorno de Ulisses. Sua trama suspende o fluxo das coisas sem, no entanto, fixá-las, mas jogando com seu próprio fluir através da repetição.

Antes de ser permitida pelos deuses, enfim, a volta do herói, ele vivia com a ninfa Calipso durante alguns anos na ilha de Ogígia. Ela também o amava, tecia e usava trança no cabelo. Assim como Penélope, queria suspender o tempo para desfrutar desse amor, por isso oferece o dom da imortalidade ao rei de Ítaca. Mas lá, fora do tempo e do convívio com os outros mortais, ele seria esquecido. Ulisses escolhe a morte, ou, melhor dizendo, a mortalidade, e com ela a possibilidade de guardar a memória de seus feitos heroicos, eles sim imortalizados pela poesia, ao escolher Penélope em lugar da deusa imortal. Ecos dessa história sobre amor, tempo, memória e construção entrançada podem ser ouvidos no seguinte poema do livro *Transposição* (1966-67), de Orides Fontela.

Meada

Uma trança desfaz-se:
calmamente as mãos
soltam os fios
inutilizam
o amorosamente tramado.

Uma trança desfaz-se:
as mãos buscam o fundo
da rede inesgotável
anulando a trama
e a forma.

Uma trança desfaz-se:
as mãos buscam o fim
do tempo e o início
de si mesmas, antes
da trama criada.

As mãos
destroem, procurando-se
antes da trança e da memória.

(FONTELA, 2006, p. 17)

Chama atenção aqui, de imediato, a repetição que percorre quase todo o poema do verso: "Uma trança desfaz-se". Já ao final da primeira estrofe, a imagem da mão soltando os fios que haviam sido "amorosamente tramados", inutilizando a trama, remete àquele famoso episódio da *Odisseia* de Homero, com o sutil arremedo de que, se a trama de Orides fora feita com a participação do amor, a trama de Penélope era desfeita pelo mesmo sentimento, "amorosamente destramada".

Essa imagem do avesso da trama lembra que o amor traz consigo o seu próprio avesso. Novamente, a mitologia grega nos conta isso. Já a origem da terrível Guerra de Troia remete ao amor – no caso, entre o troiano Páris e a grega Helena, permitido pela deusa do amor Afrodite, que, por desejar ganhar uma disputa de beleza entre as deusas, teria entregue de bandeja a bela mortal àquele que a escolhera vitoriosa no concurso divino. Mas não apenas. A própria origem do impulso amoroso liga-se a uma violência ainda mais antiga. Como nos conta a *Teogonia* de Hesíodo, é do gesto de castração de Urano (céu) por seu filho Crono (que depois seria o rei dos Titãs) que se inaugura a existência entre céu e terra. Dessa ferida e do membro castrado, nascem Afrodite do sémen, representante do Amor (Éros), e as vingadoras Erínias, ou Fúrias, do sangue, representantes da Discórdia (Éris). União e separação. Atração e repulsa. Casamento e guerra.

Já que Afrodite foi mencionada, vale lembrar o epíteto que no geral acompanha seu nome na *Ilíada*: "urdidora de enganos". Acusada por Helena de levá-la para lá e para cá, dispondo do seu destino como bem entender, Afrodite é quem planeja, maquina, ao dispor seus fios no tear e tecer os enredos do amor. A deusa usa, aliás, uma cinta onde bordou os encantos do amor, do desejo, do namoro e da sedução (HOMERO, 2009, p. 288, canto XIV, versos 215-217). Urdir é construir por articulação trabalhosa, composição de termos díspares através da junção, combinação dos pontos. Novamente, aqui, Éros se relaciona com seu oposto complementar Éris, pois o amor é compreendido como um urdimento assim como a engrenagem do destino, na qual os fios das vidas mortais e divinas são trançados pelas fiadoras, *moiras*, deusas terríveis e antigas, como as *erínias*, ligadas à morte.

De volta à imagem poética de Orides em "Meada", a trança só se dá a ver justamente a partir de seus avessos. Os fios tramados constituem uma rede que se sustenta ao "esconder" certas faces e "mostrar" outras, ao ocultar pedaços para erigir sua construção total. Essa teia frágil, composta de fios entrecruzados, parece anunciar seu próprio desfazimento, como uma construção sutil que prenuncia a desarticulação iminente, inescapável. São as mãos, as mesmas que a fiaram, que respondem a essa espécie de chamado e desfazem a trama ao buscarem o seu "fundo". Essa destruição, anunciada já no primeiro verso, será assumida por completo na última estrofe – "as mãos / destroem" – e levará à anulação de toda a forma, voltando ao "antes" de sua própria criação.

*

O que viria antes da trança, fios soltos? Depois de "ser" trança, seu destino seria retornar ao "nada", ao sem forma? Teríamos então início e fim, nascimento e morte, coincidindo, suspensos? Antes de perder o fio da meada deste texto, gostaria de propor uma hipótese interpretativa entrelaçando os versos de Orides Fontela e as pistas da mitologia grega apresentadas até aqui.

Em Homero, unem-se no "tramar" aspectos do mundo feminino, da noite e da escuridão da vida privada (reunidos no artesanato e no amor), com aspectos do mundo masculino, do dia e da claridade da vida pública (reunidos na guerra e na política). Nesse sentido, comenta o helenista Vidal Naquet, o erro do príncipe de Troia, Páris, teria sido inverter os termos e se deitar em amor com Helena nos seus aposentos na hora em que deveria duelar com Menelau no campo de batalha. "O amor se faz à noite; a guerra, de dia" (VIDAL-NAQUET, 2002, p. 51). Mas Páris faz amor de dia, esquecendo-se da guerra e da política. Já Penélope, mulher de Ulisses, por outro lado, faz política à noite ao desfiar sua trama e se negar a colocar um novo rei no trono de Ítaca. Não deixa de ser atividade artesanal, nem vínculo amoroso, mas é também estratégia astuta e ato político. Penélope inverte (ou entrelaça) a trama dos gêneros.

Como se vê, há porosidades entre essas distinções arquetípicas do que seriam os universos feminino e masculino, mesmo já nos relatos mais antigos. O mundo feminino se apresenta como "duplo" em vários mitos e personagens: as ninfas Circe e Calipso amam o náufrago Ulisses e querem protegê-lo, mas o sufocam sem permitir seu retorno à casa; Helena é notoriamente "a mais bela" dentre todas as mortais, mas ela mesma reconhece ser "cadela" pelos efeitos nefastos de suas ações; Afrodite se liga tanto ao engano e à loucura, nos quais homens e deuses são lançados ao estarem amando, quanto à razão e à verdade que levam Zeus, enamorado por Hera (que se enfeitara com a cinta do amor, diga-se a verdade), a contar todos os seus casos extraconjugais para provar à esposa que nunca desejara alguém tanto assim, tudo isso graças à honestidade que lhe toma (HOMERO, 2009, p. 291, canto XIV, versos 313-328). Essa duplicidade está mesmo em Penélope: fiel e sensata em relação ao marido; sedutora e mentirosa em relação aos pretendentes.

Uma tal duplicidade, arquetipicamente atrelada ao feminino, diz respeito ao humano em geral. Em um ensaio de juventude, Nietzsche constatou ter sido tão somente pela dissimulação que o ser humano foi capaz de sobreviver em meio à natureza selvagem. Sendo ele mais frágil que seus predadores, precisou se valer da inteligência-astúcia para administrar suas fraquezas, desenvolvendo punhais, abrigos, linguagem. Somente depois, na vida em civilização, viria o desejo por uma "verdade pura" (NIETZSCHE, 2004, p. 67). Na origem da existência, fora do âmbito moral, não haveria diferença entre verdade e mentira, era preciso ser capaz de enganar na busca pela manutenção da vida.

Essa duplicidade parece estar na base de toda criação humana, e se torna especialmente visível na criação artística. Pois a arte se funda na articulação entre engano e verdade, ficção deliberada e desvelamento das questões existenciais mais profundas. Outro importante helenista, Marcel Detienne, caracteriza o poeta antigo como "mestre da verdade", reconhecendo que ele é na mesma medida um "mestre do engodo". Isso porque a verdade da qual o discurso poético seria portador é a verdade enquanto *Alétheia*, o que quer dizer, literalmente, "não esquecimento", ou seja, lembrança. É a verdade da memória, que para ser transmitida precisa ser capaz de seduzir, ou mesmo enganar, pelos artifícios do enredamento poético. Trata-se de urdimento através do exercício de rememoração e composição dos mitos. Nesse sentido, as potências opostas *Alétheia* e *Léthe* não são contraditórias; "no pensamento mítico, os contrários são complementares" (DETIENNE, 2013, p. 84). Só há memória porque há esquecimento e só há esquecimento porque há memória, um depende do outro e determina seus limites – mais perto de nós, o romancista Marcel Proust erigiu toda a sua grande obra *Em busca do tempo perdido* a partir dessa complementaridade.

Homero nos lembra desse poder "duplo" da arte ao menos em dois importantes momentos da *Ilíada*. O primeiro, na exaltação das Musas pelo próprio poeta, assume como necessária a ajuda para lembrar e compor sua construção entrançada dos eventos do passado no presente, pois essa construção não está dada ou garantida:

> Dizei-me agora, ó Musas (...) quem foram os comandantes (...) eu não seria capaz de enumerar ou nomear, nem que tivesse dez línguas, ou então dez bocas, uma voz indefectível e um coração de bronze, a não ser que vós, Musas (...), me lembrásseis. (HOMERO, 2009, p. 62, canto II, versos 484-492)

O segundo, já mencionado, atrela as dimensões do feminino e da criação artística na primeira entrada de Helena – "Encontrou-a no palácio, tecendo uma grande tapeçaria de dobra dupla, purpúrea, na qual ela bordava muitas contendas de Troianos domadores de cavalos e de Aqueus vestidos de bronze: contendas que por causa dela tinham sofrido às mãos de Ares" (HOMERO, 2009, p. 77, canto III, versos 125-128). Nos dois casos, vê-se a relação entre tempo, memória e arte.

Retomemos aqui a metáfora clássica da distinção entre luz e escuridão para caracterizar a relação entre verdade e engano. Basta citar o exemplo da alegoria da caverna, de Platão, a fim de confirmar o peso dessa imagem para a tradição: a realidade verdadeira estaria iluminada pelo sol e as sombras enganadoras pertenceriam ao fundo das trevas. Traçando um paralelo com os casos da poesia homérica analisados acima, notamos que, à primeira vista, a luz estaria na exposição da vida pública (política e guerra, registros tradicionalmente masculinos) e a escuridão estaria no retiramento da vida particular (artesanato e amor, registros tradicionalmente femininos). Há o que se mostra e o que se esconde; a contemplação total e a ilusão sedutora – este último polo foi muitas vezes depreciado como o lugar da traição, da tocaia e do disfarce. Mas essa dualidade não se sustenta quando os assuntos são a memória, em sua relação complementar com o esquecimento, e a arte, em sua constituição dupla de ficção e verdade. Em ambos, no lembrar e no poetar, não há dicotomia excludente. A escuridão do passado ("assim foi") vem à luz no presente ("assim é"), bem como a clareza da verdade precisa das sombras da ficção para ser transmitida. Entra-se no território da ambiguidade.

Assim como a memória e a poesia, a "trança" oferece partes dos fios à luz na mesma medida em que submete outras partes à sombra justo nos pontos em que eles se entrelaçam. Também no poema de Orides Fontela a trança se faz e se desfaz. É um trabalho constante, como aquele de Penélope ou do próprio poeta épico que contava e recontava os feitos dessa personagem. As mãos soltam fios que foram "amorosamente tramados" buscando o fundo dessa rede inesgotável, como quem abre o tecido da memória para lembrar do momento em que suas linhas foram conectadas lá atrás, mas nesse movimento anula essa mesma conexão que se busca.

Se é inesgotável a rede originária de onde fluem os fios de sentido, podendo se renovar infinitamente, a trança é finita e se consome a cada vez. No seu tatear, as mãos esgotam sua própria construção, dissipando a trama e sua forma assim como o tempo nos devora, para chegar ao fim que coincide com o início da criação. Início e fim a cada instante: essa duplicidade sincrônica seria uma bela forma de conceber o fluxo do tempo em seu caráter mais voraz, mais encantador. As mãos destroem o que elas mesmas haviam construído e se reencontram antes da criação, na suspensão do tempo, no antes da trança e da memória que só a poesia parece ser capaz de captar.

REFERÊNCIAS

BRANDÃO, Junito de Souza. *Mitologia grega*. Petrópolis: Vozes, 2000.
DETIENNE, Marcel. *Mestres da verdade na Grécia Arcaica*. São Paulo: Martins Fontes, 2013.

FONTELA, Orides. *Poesia reunida (1969-1996)*. São Paulo: Cosac Naify; Rio de Janeiro: 7Letras, 2006.

HESÍODO. *Teogonia*: a origem dos deuses. Tradução de Jaa Torrano. São Paulo: Iluminuras, 2001.

HOMERO. *Hinos homéricos*. São Paulo: Editora UNESP, 2010.

HOMERO. *Ilíada*. Tradução de Frederico Lourenço. Lisboa: Cotovia, 2009.

HOMERO. *Odisséia*. Tradução de Frederico Lourenço. Lisboa: Cotovia, 2003.

NIETZSCHE, Friedrich. "Introdução teorética sobre a verdade e a mentira no sentido extramoral". In: *O livro do filósofo*. São Paulo: Centauro, 2004.

OLIVEIRA, Marcela. "Ulisses e o ardil da narração". *Viso: Cadernos de estética aplicada*, v. IX, n. 17, p. 45-57, 2015.

VERNANT, Jean-Pierre. *O universo, os deuses, os homens*. Tradução de Rosa Freire d'Aguiar. São Paulo: Cia das Letras, 2000.

VIDAL-NAQUET, Pierre. *O mundo de Homero*. Tradução de Jônatas Batista Neto. São Paulo: Cia das Letras, 2002.

Orides Fontela: a apreensão – impossível – do real, nem

Alberto Pucheu

Recentemente, em 28 de outubro de 2018, dia do segundo turno das eleições para presidente da República e para governadores, afirmando e confirmando a campanha do professor Fernando Haddad, ex-ministro responsável pela altamente relevante expansão da educação durante o governo Lula, muitos de seus eleitores votaram com livros debaixo do braço, como resultado inesperado e inédito de uma campanha que disseminou lemas como "livros sim, armas não" e "a favor do porte de livros para os cidadãos". No mesmo mês do dia dos professores, tais expressões, e outras afins, viraram slogans, cartazes, cartazes virtuais, faixas em universidades, *hashtags*, etc.

Depois de ter votado, mas antes de saber o resultado das eleições, lembrei-me de versos do poema "O livro e a América", de Castro Alves, que já não relia há muito tempo. Para o poema, que se insere interventivamente na região que o intitula e no tempo que lhe concerne, os filhos do "Novo Mundo" e de seu momento histórico realizam um tipo de combate diferente do que ocorrera no passado com as armas assassinas e exterminadoras, um combate pelos e com os livros, cujos pensamentos, "fecundando a multidão", disseminariam a igualdade e salvariam o futuro, um combate pelos e com os livros, cujos poemas não deixariam morrer uma nação: "Oh! Bendito o que semeia/ Livros... livros à mão cheia.../ E manda o povo pensar!/". Livros, muitos livros, muitos livros/

para o povo, muitos livros/ para o povo/ pensar, livros, muitos livros/ para nós/ pensarmos.

Se o candidato opositor não se cansou nem se cansa nem se cansará de fazer apologia a todo tipo de crime, a um verdadeiro altericídio dos mais violentos jamais vistos em todo mundo, e se essas apologias, de diversos modos, têm e terão efeitos reais incomensuráveis, sem nunca ter sido punido por isso, a utopia de Castro Alves, encarnada no projeto político de Fernando Haddad, não foi suficiente para demover alguns milhões das 57.797.464 pessoas de votarem em Bolsonaro, elegendo-o presidente. Mesmo o fato de sabermos que, em 2014, 35% dos alunos em fase de conclusão serem os primeiros da família a entrar em uma instituição de Ensino Superior, mesmo o fato de que entre 2002 e 2014 ter dobrado o número de alunos no ensino superior, mesmo o fato de 65% dos estudantes que concluíram seus cursos superiores em 2014 terem renda familiar de até 4,5 salários mínimos não foi suficiente para vencer o fetiche da violência, o desejo fascista de altericídio, a derrocada dos direitos humanos e, junto com tudo isso, a maximização extrema do antipetismo por uma avalanche de notícias falsas da grande mídia e pelas *fake news* produzidas e disseminadas profissionalmente para milhões de pessoas, de maneira ilegal, posto que por financiamento de campanha via caixa 2, e a custos estratosféricos, em "disparos em massa", esse termo tão revelador em seus duplos sentidos; repito o termo, reproduzindo o gesto tão repetido de tal candidato e seus familiares: "disparos em massa". "Disparos em massa" não apenas desde o golpe, mas "disparos em massa" que foram o próprio golpe e suas consequências que ainda participam dele (sobretudo, o impeachment de Dilma, a prisão de Lula e agora a recente eleição, tudo com o consentimento do Supremo, o tal acordo, com o Supremo, com tudo).

Importante lembrar que com o sucesso da necropolítica de tal candidato que, liberando a venda de armas, promete mudar o estatuto do desarmamento e já apareceu como garoto propaganda da Tauros, as ações de tal fabricante de armas saltaram 400% apenas em outubro e mais de 1000% em 1 ano. Por muitos desses motivos anunciados e de outros, o projeto de ampliação da repercussão dos livros e da educação não ganhou do elogio das armas, o elogio do simbólico acima de tudo não ganhou da violência desmesurada que trabalha incessantemente para atuar no âmbito do corpo e do real. Tal como desejávamos Castro Alves, Haddad e nós, o projeto da educação e dos livros não ganhou o pleito, mas é certo que a poesia não pode ser lida como uma arma contra o autoritarismo – o que a poesia deseja, ou o que ela pode, é exatamente desarmar o autoritarismo. Desarme este afim ao fato de que a democracia tem de estabelecer seu limite: limitar os que querem acabar com a democracia em nome do autoritarismo ou da ditadura, desarmá-los. Temos fracassado integralmente nesse ponto de desarmar o autoritarismo do golpe, ainda que isso seja praticamente impossível, já que ele fora realizado com as maiores forças institucionais do momento, com a Câmara, com o Senado, com o Supremo, com o TRE, com a grande mídia, com as grandes empresas, com a propaganda acintosa, com caixa 2 proibido, com o mais poderoso capital, com o whatsapp, com tudo.

Para piorar, no luto necessário em que me pego e que tento fazer desde o dia do resultado da eleição, acordei no dia seguinte com uma fotografia publicada em 04/11/2016 no *twitter* de Eduardo Bolsonaro, o deputado federal mais votado em 2018 e na história do país. A imagem mostra o Deputado e policial federal, ao lado de Artur do canal do Youtube "Mamãefalei", armados com uma escopeta e uma pistola semiautomática importada segurando um cartaz com os dizeres "Eu pacificamente vou te matar". Essa sórdida mensagem é endereçada ao outro, quem quer que seja esse outro, um outro qualquer diferente dele, um outro qualquer, qualquer um de nós que vemos a foto. Essa sórdida mensagem é endereçada igualmente, como já ficou evidente, aos vermelhos, à universidade e a nós, que amamos os livros. Hoje, com ele como deputado mais votado e seu pai eleito presidente do Brasil, essa frase aumenta exponencialmente seu caráter de morbidez e terror. No luto que tento fazer desde o dia da eleição, no dia seguinte a ela, li com emoção o que Haddad então dissera, encerrando os 90 dias de licença que tirara para se dedicar integralmente à campanha: "hoje eu volto a dar aula, sou professor". E, um dia depois da frase e dois, portanto, após a eleição, víamos uma fotografia sua lecionando em sala de aula. No luto que tento fazer desde o dia da eleição, no dia seguinte a ela, acordei igualmente com um verso, inesquecível para mim por vários motivos, de Orides Fontela, o primeiro de um soneto: "Alta agonia é ser, difícil prova". Nos dias seguintes da eleição de Jair Bolsonaro a presidente da República, mais ainda do que das outras vezes, sim, "Alta agonia é ser, difícil prova". Alta agonia e difícil prova é ser nesses tempos.

Pertencente a um poema escrito, segundo a poeta, em 25/10/1963 e publicado tardiamente no livro *Rosácea*, de 1986, tal verso é a epígrafe com que abre o depoimento que, a meu pedido, escreveu para um livro que organizei e que saiu publicado em 1998, *Poesia (e) Filosofia; por poetas-filósofos em atuação no Brasil*, pela 7 Letras, com uma segunda edição recente, deste ano em que estamos, da Editora Moinhos. Até onde sei, "Sobre poesia e filosofia – um depoimento" acabou por ser seu último texto escrito e, sobretudo, o único diretamente a respeito do assunto. A nota triste é que Orides Fontela faleceu exatamente no dia em que o livro ficou pronto e que o recebi em casa, não tendo ela visto o livro nem sabido que ficara pronto. Logo ela que, entre os participantes, fora certamente a mais empolgada com o projeto ao qual eu me dedicava... Sim, "Alta agonia é ser, difícil prova", um verso que, pelos motivos mais variados, retorna em muitos de nossos momentos. O certo é que um desses versos retornam, que precisamos de seu retorno e, por isso, ele retorna.

Escrita datilografadamente de São Paulo e datada de 18/03/1997, respondendo a meu pedido, sua primeira carta para mim mostra bem sua simplicidade e entusiasmo: "Sr. Alberto Pucheu, senti-me honrada com sua carta, e com os elogios – quem não gosta deles, apesar de tão excessivos? Não mereço tanto, mas gosto./ Vou aceitar seu convite e fazer meu texto para o livro – o tema também me fascina. Só que não será talvez grande coisa, pois eu já me esqueci do que aprendi na faculdade – fazem mais de vinte anos. O senhor, no entanto, não exige algo tão formal, e daí é possível – levará tempo, preciso matutar no assunto, mas enviarei meu depoimento, mais poético que filosófico, mas tudo bem. Se a Adélia e o Rubens toparam, eu não ficaria de fora mesmo, de jeito nenhum. Não conheço as outras pessoas que o senhor cita, mas creio que são boas. Só eu sou a menorzinha... Espere, pois, minha contribuição, e recebe um grande abraço de/ Orides Fontela". Mais abaixo do papel, um P.S. manuscrito: "Ah, minha vida está tão encrencada... Creio que levarei de 1 a 3 meses para escrever. Escrevo de novo, se tiver previsão mais exata. Mas mandarei o texto sim, Orides".

Em 15 de julho de 1997, em outra carta no mesmo tom, muito diferente da fama que tinha por todos os lados de ter um temperamento difícil, Orides me escrevia: "Pucheu,/ Alegra-me saber que o texto serve. Não que eu ache uma maravilha, não está muito inspirado, e tem um certo tom... adolescente, mas é suficiente principalmente por ser totalmente sincero. Se sou assim mesmo, que fazer? Tarde para mudar, e não desejo ser 'intelectual', poeta é o bastante. Obrigada, e vamos ao livro. Nem que meu texto seja o mais curto e fraco, participar dele é importantíssimo para mim. Espero novas notícias. Abraços/ Orides Fontela". Mal sabia ela que o texto dela, tão rascante, seria o que eu mais amaria do livro. E, pelo que eu soube, não apenas eu.

Sobre essa rascância de seu texto, acrescento uma nota autobiográfica de leitor-editor de tal texto. Quando revisava seu depoimento com alguns "erros" datilográficos, percebi que tais "erros" compunham intrinsecamente a dor de seu texto. O que eu faria? Revisaria o texto como habitualmente eu ou qualquer outro faria? Deixaria passar os "erros"? O que eu percebia como um acerto dos "erros", já que eles seriam mais um elemento, certamente inconsciente, a mostrar o tom do sofrimento do que ali ia dito, seria percebido por outros leitores da mesma maneira? Deixando passar os "erros" enquanto "erros", não revisando em nada seu texto, eu estaria expondo Orides Fontela e talvez a mim mesmo enquanto editor e revisor de um modo descabido? Revisando os "erros", não estaria eu higienizando o original que expunha sua sujeira sofrida? Eram dúvidas que me atravessavam e posso dizer que, ainda hoje, 20 anos depois, quando comemoramos a sobrevivência de sua poesia nesta data de sua morte, me atravessam. Mesmo com todas as dúvidas, acabei por decidir revisar o texto, deixando, entretanto, uma estranheza nele presente, que, intimamente, me lembraria, no futuro, da necessidade de preservação do que fora apagado na revisão. Em certo momento, Orides afirmava: "Se fiquei insatisfeita com a filosofia explícita, isso não significa que foi inútil. Deu uma base cultural que eu não tinha, alargou meu mundo. E meu deu o 'status' de 'filósofa', universitária. É mais ou menos mito, mas mitos são excelentes para promover livros, nem". "Nem"? Qual o sentido desse "nem" ao fim dessa frase? Não sei, mas sei que ele me soava e continua me soando como um grunhido, um elemento na linguagem anterior ou posterior à própria linguagem, uma desarticulação no articulado, sim, um grunhido, de dor, de raiva, de... "Nem". Deixei esse "nem" desconexo; ele, eu não o podia retirar nem apagar de jeito nenhum.

"Alta agonia é ser, difícil prova" é um "programa de vida", afirmou a poeta. Nesta difícil prova de ser, é impossível de ser aprovada – daí, sua "alta agonia", sua vã, mas necessária, disputa de que a prova, se não a lança no ser, numa saciedade gozosa em um "Ser pleno" ou em uma "sobre-humana graça", projeta-a em metamorfoses que a fazem angustiadamente se superar, a renascer, a cada momento, no inacabamento mesmo da vida. Lançar-se a esse "ser" impossível em uma vã disputa se coloca como a tarefa de qualquer um e, consequentemente, da poeta, que dá voz a essa aporia de uma normalidade impossível, já que, em suas palavras, "o normal é tentar o impossível, pois isto constitui propriamente o humano". "Alta agonia é ser, difícil prova" do paradoxo da normalidade impossível de, em nossa contingência, suportar, como diz o último verso do poema, "o peso essencial do amor profundo". Para Orides, tal qual ela afirma em seu depoimento, a poesia, junto com a filosofia, a religião e o mito, é uma das intérpretes do "ser". Em sua bela definição, como intérprete do ser, a poesia é, idealmente, "um instrumento altamente válido para apreender o real". Instrumento, a poesia, portanto, servil, a poesia, de um servilismo, o da poesia, dos mais necessários, de um servir a uma apreensão do real, a uma apreensão do ser. Sim, a poesia serve para alguma coisa; ela serve a "apreender o real". Ela serve para apreender o "ser". "Nem".

A apreensão poética do real ou do ser, à qual a poeta se lança, coloca-se como a que gera a alta agonia da poeta e a mais do que difícil prova da poesia, a provação com que, dolorosamente, sabendo que "Tudo/ será difícil de dizer", que "Tudo será duro", que "Tudo será/ capaz de ferir" (como escreve no poema "Fala"), a poeta e a poesia se medem. Tal esforço de apreensão, impossível, do real, faz a poesia se lançar em direção ao que ela não tem como apreender. "Nem". Uma de suas "Questões" se coloca como: "Difícil o real./ O real fruto./ Como, através/ da forma/ distingui-lo?". No poema "Rosa", isso ganha uma outra formulação afim: "como expressar mais o que/ é densidade inverbal, viva?" Tal busca do ser, do "real buscado até o sangue" ("Odes II"), da viva densidade inverbal não é, de modo algum, pouca coisa; é o limite máximo a que um ou uma poeta se lança. Leiamos a bela passagem de seu tão intenso depoimento: "Ora, uma intuição básica de minha poesia é o 'estar aqui' – auto-descoberta e descoberta de tudo, problematizando tudo ao mesmo tempo. Só que este 'estar aqui' é, também, estar 'a um passo' – (...) – e este um passo é o 'impossível' com que luto. (...) Ora, esta posição existencial básica de meus poemas já é filosófica, isto é, seria possível desenvolvê-la em filosofia, e daí veio meu interesse pela filosofia propriamente dita. Eu vivia a intuição quase inefável de estar só 'a um passo'".

Dizer a distância ínfima, porém resistente, esse "passo" "impossível" de ser dado a aproximá-la e afastá-la do real que se esforça em apreender é a poesia, a aporia e o espanto da poesia de Orides Fontela. Enquanto esse "passo impossível", enquanto esse impasse, enquanto essa aporia, a poesia é o que resiste e o que subsiste, fazendo com que ela seja levada a dizer em entrevista para Augusto Massi: "Eu não tenho mais nada além da poesia". "Nem". Nada além da poesia, nenhum real, nenhum ser. Colocada na poesia, além de si e a um passo do real impossível, a um passo do ser impossível, o impossível do real e do ser que se atreve a tentar apreender – poesia. Poesia, "nem", esse a um passo, fora do qual não se tem nada, e na qual se tem apenas a vertigem do impossível. Entre o real impossível e a linguagem, nesse abismo vivo e intensivo, nem já linguagem articulada nem ainda real, não seria o "nem" anteriormente mencionado a palavra poética que, de alguma maneira, diz as outras palavras e os poemas de Orides Fontela?

Citado, por motivos evidentes, no depoimento para o livro que organizei, um de seus "Poemetos (II)" se intitula *A estrela próxima*: "Próxima: mais ainda/ estrela/ – muito mais estrela/ que próxima". Por colocar-se nessa proximidade distante ou nessa distância próxima, por se colocar nessa fímbria, por se colocar quase inefavelmente nesse quase do real, por se colocar nesse não ter nada, por se colocar além de si e aquém do real ou do ser, a poeta pode dizer que "esta posição existencial básica de meus poemas já é filosófica", o que a dispõe, em seu entender, na contramão da poesia brasileira: enquanto esta é "sensual e sentimental" (ou, como hoje, no documentário "A um passo do pássaro", do Ivan Marques, ela aparece chamando de "confessional" e "choramingas"), a sua, demarcando essa medida agônica, esse quase agonístico, a agonia dessa prova desse passo de ínfima distância e de ínfima proximidade, é "abstrata" e "pensada". Enquanto que, em "Nas trilhas do trevo", presente no livro *Artes e Ofícios da Poesia*, organizado por Augusto Massi, publicado em 1991, Orides Fontela declarava sua inaptidão para se reconhecer em algum lugar determinado na história da poesia brasileira – solicitando mesmo ajuda para que amigos, críticos e outros poetas pudessem lhe tirar de sua solidão –, dizendo "Onde estou? Onde se localiza minha obra de mais de vinte anos no quadro da poesia brasileira? Não sei.", no depoimento para o livro que organizei, que me parece de suma importância, ela, assumindo um lugar, ainda que atópico, para sua obra, reconhece sua poesia em uma posição filosófica, abstrata, pensada.

Nas palavras da poeta, cabe-lhe "deixar que, naturalmente, poesia e filosofia se interpenetrem, convivam, colaborem", que elas se "irmanem". Poesia interpenetrada pela filosofia, em convívio com ela, em colaboração com ela, irmanada com ela, a de Orides garante, na continuidade mesma da escrita ao longo da vida, com sua pesquisa poética de um pensamento selvagem, que a estrela a ser alcançada, ou seja, o real, nunca possa ser domesticado, estando sempre, de modo mais próximo e, quase lá, ainda assim, distante, inacessível e inapropriável. "Nem".

Poderia dizer que, tratando-se de uma poesia filosófica, trata-se de uma poesia crítica, se por crítica entendermos o que Giorgio Agamben (2007) afirma já nas primeiras linhas do prefácio de *Estâncias*: "Em todo caso, quando a palavra começa a aparecer no vocabulário da filosofia ocidental, crítica significa sobretudo investigação sobre os limites do conhecimento, sobre aquilo que, precisamente, não é possível nem colocar nem apreender. Se a crítica, enquanto define as suas fronteiras, abre ao olhar 'o país da verdade', como 'uma ilha que a natureza fecha em fronteiras imutáveis', ela deve, contudo, continuar exposta ao fascínio do 'oceano vasto e tempestuoso', que atrai 'sem cessar o navegador para aventuras a que ele não consegue recusar e que, no entanto, nunca consegue levar a termo. No grupo de Jena, que se propôs a abolir, no projeto de uma 'poesia universal progressiva', a distinção entre poesia e disciplinas crítico-filológicas, uma obra que merecesse ser qualificada como crítica só podia ser aquela que incluísse em si mesma a própria negação e cujo conteúdo essencial fosse assim exatamente aquilo que nela não se encontrava".

Se, enquanto críticas, tanto a poesia quanto a filosofia, e suas mútuas interpenetrações, respondem, como diz o filósofo, "à impossível tarefa de se apropriar daquilo que deve, de qualquer modo, continuar inapreensível", se cabe a elas garantir a proximidade, mas também a distância, do real ou da verdade, elas estão em busca de desarmar o que poderia ser chamado de um "mito" moderno ou atual, já que o pensamento mítico em nosso tempo, querendo se confundir ele mesmo com o real, é superficial mas gravemente autoritário. Sem nenhuma colocação de quem está "a um passo", não à toa, em sua primeira fala enquanto presidente eleito por esses dias, o mais execrável dos humanos hoje no planeta mencionou e segue mencionando em seus pronunciamentos públicos que, em nome de Deus, irá restaurar a verdade contra as supostas falácias que lhe são atribuídas. Assim como "Deus" e "verdade" foram as palavras mais utilizadas em sua breve fala precedida por uma reza vergonhosa puxada por ninguém menos que Magno Malta, sua proposta de governo abre com a citação do versículo 32 do capítulo 8 do Evangelho de João: "E conhecereis a verdade, e a verdade vos libertará". Claro que, nesse vínculo anacrônico e perverso entre religião e política, tal verdade, digo, não a do Evangelho de João (que seria *alétheia*), mas a de Jair Bolsonaro é aquela maniqueísta, autoritária, absoluta, garantida por sua versão oficial, propagandística, amparada pela violência e truculência das suas palavras, do judiciário, das leis, das armas, da polícia e do exército. Essa verdade é a do mito atual que se quer instaurar, sem mediações, como real. Kafka chamou essa verdade de "veredicto".

Enquanto que, em tempos passados, no que houve de melhor, a poesia teve, na indiscernibilidade entre palavra e natureza, o mito como sua dimensão assegurada, provindo ela de uma voz divina que, como se sabe, estava submetida por sua vez à natureza ou ao cosmos, é certo que, na modernidade, com Schiller, poderia ser dito que, a respeito do mito, "a descoberta de que se trata de imitação aniquilaria totalmente o sentimento de que se fala aqui". Em nosso tempo, mais do que nunca, no asseguramento do "país da verdade" "como uma ilha que a natureza fecha", a poesia se caracteriza por um pensamento poético-crítico a garantir o colocar-se, como vimos, não na ilha, mas "no oceano vasto e tempestuoso que atrai sem cessar o navegador para aventuras a que ele não consegue recusar e que, no entanto, nunca consegue levar a termo", ou como igualmente vimos, no que Orides Fontela chama de se colocar "a um passo, o passo impossível" do ser ou do real, ou seja, na garantia de que se trata, ainda, de linguagem, mesmo que à beira de desarticulação, mesmo que grunhido, mas na garantia de que não se trata ainda do real. "Nem".

Esse "nem", esse "passo impossível", reclama uma "Nudez/ até o osso/ até a impossível/ verdade" ("Nudez"). Porque, quase real, quase ser, a cada momento, a poesia mostra, na nudez, no osso, que a verdade é impossível, de que possível é, no limite, o grunhido, é uma questão de um imperativo ético do nosso momento terminar este texto com o último verso do primeiro quarteto do soneto que começa com "Alta agonia é ser, difícil prova". Para seguirmos a poesia de Orides Fontela, para continuarmos caminhando com ela no coração de nosso tempo, para vermos como é uma poesia que fala para o nosso tempo, é mais do que hora de "despir os sortilégios, brumas, mitos", de mostrar, do mito, sua nudez, sua impossível verdade.

REFERÊNCIAS

AGAMBEN, Giorgio. *Estâncias*. Tradução de Selvino José Assmann. Belo Horizonte: Editora UFMG, 2007.

FONTELA, Orides. "Nas trilhas do trevo". In: *Artes e ofícios da poesia*. Organização de Augusto Massi. Apresentação de Leda Tenório da Mota. Porto Alegre: Artes e Ofícios; São Paulo, Secretaria de Cultura, 1991. p. 256-261.

FONTELA, Orides. "Poesia e filosofia – um depoimento". In: *Poesia (e) Filosofia; por poetas-filósofos em atuação no Brasil*. Organização de Alberto Pucheu. Rio de Janeiro: 7 Letras, 1998.

FONTELA, Orides. *Poesia reunida (1969-1996)*. São Paulo: Cosac Naify; Rio de Janeiro: 7 Letras, 2006.

III.
Poéticas do pensamento

Poética aristofânica

Luísa Buarque de Hollanda

Em um livro dedicado ao tema Poesia e Filosofia, seria tentador revisitar as teorias de Platão e de Aristóteles a respeito da *mímesis* poética. Todavia, evito a tentação e dedico-me a uma outra teoria da *mímesis*, que antecedeu a ambas. Mais especificamente, proponho analisar aqui uma espécie de teoria poética elaborada por Aristófanes em *As mulheres que celebram as Tesmofórias*; teoria que, aliás, mobiliza elementos presentes nas mais célebres poéticas filosóficas antigas, mas sugere um manejo absolutamente original desses mesmos elementos. Essa poética aristofânica, bem entendido, só pode ser considerada teoria em sentido lato[1]. Ainda assim, chama atenção o fato de que ela dá sugestões potencialmente elaboradas e, além disso, em muitos sentidos distintas tanto das platônicas quanto das aristotélicas.

    Antes de apresentá-la, entretanto, cabe um pequeno preâmbulo: que se encontre uma espécie de teoria da poesia dramática em Aristófanes não é nada espantoso, tendo em vista o forte teor metateatral da sua produção dramatúrgica. A meu ver, e até onde conheço, Aristófanes é o dramaturgo grego que mais apresenta observações autorreflexivas,

---

1. Embora autores tais como Tasinato pensem o contrário: "Trata-se de fato, de uma verdadeira e própria teoria estética, a meu ver, ainda hoje surpreendente e, ousarei dizer, não superada e talvez ainda insuperável" (TASINATO, 2010, p. 3). Eu creio, porém, que considerar uma breve cena alusiva como uma teoria estética em sentido estrito talvez seja abusivo, pois os limites impostos pelo gênero literário cômico e pelos objetivos da cena em questão devem ser considerados (MAZZACCHERA, 1999, p. 205). Mas esse tema não está em meu escopo aqui, pois exigiria, bem entendido, uma definição extensa de "teoria".

quer sobre a poesia teatral em geral, quer sobre o drama cômico em particular. Como diz Sommerstein (2009, p. 116): "Dos vários gêneros dramáticos gregos, a comédia foi o único capaz de incorporar explicitamente em seus textos discussões acerca de si mesma como um gênero de arte". *As mulheres que celebram as Tesmofórias*, porém, constituem um caso singular e especialmente interessante dentro do enquadramento da metapoeticidade aristofânica, por uma série de razões dentre as quais se destaca a presença de Eurípides enquanto personagem dessa trama cômica. O argumento – que imagina o famoso poeta trágico acusado pelas mulheres, durante a celebração das Tesmofórias,[2] de "falar mal" (v. 85) delas em suas tragédias, e por isso manda que um velho parente se infiltre em meio às festividades femininas disfarçado de mulher e o defenda perante elas – dá azo a uma série de procedimentos cômicos e paratrágicos, abre espaço para um dos vários *"play whithin the play"* aristofânicos e, além disso, permite que a personagem de Eurípides desempenhe alternadamente as funções de autor, compositor, ator e diretor de teatro (bem entendido, um atrapalhado teatro cômico).[3]

À luz dessas observações preliminares, é possível apresentar o trecho que me interessará analisar aqui. Trata-se de uma cena do prólogo da peça. Antes de enviar o velho parente travestido para desempenhar o papel de seu "advogado de defesa" junto às Tesmoforiantes, Eurípides tenta um plano mais plausível, a saber, pedir a Ágaton – o belo dramaturgo, seu colega de profissão mais conhecido atualmente como personagem do *Banquete* de Platão – que se vista de mulher e vá defendê-lo perante as mulheres verdadeiras. Ágaton seria a melhor pessoa para fazê-lo devido a seus modos reconhecidamente efeminados. Ele, porém, se recusa a ir. Ainda assim, fornece as vestes e os disfarces que o velho parente utilizará para tentar cumprir o plano de Eurípides. É de se notar – e muitos

---

2. Tratava-se de uma festividade celebrada em honra a Kore-Perséfone e se caracterizava por conter um rito exclusivamente feminino relacionado com a fertilidade da terra e das mulheres.
3. Há uma vasta bibliografia sobre a peça comentando esses aspectos que listei brevemente. Por economia, remeto a duas traduções francesas da peça, além da portuguesa que utilizarei aqui para fazer as citações. Todas elas contêm vasta informação, comentários e bibliografia atualizada (ARISTÓFANES, 1978, 2002, 2016).

comentadores têm feito isso – que a presença de Ágaton na peça parece ser dramaticamente inútil (LEVÊQUE, 1955, p. 59; SAETTA-COTTONE, 2016, p. 13), já que ele não realiza o pedido de Eurípides, não faz avançar a ação e não reaparece ao longo do texto. Aparentemente, portanto, trata-se apenas do hábito aristofânico de zombar de certas personalidades célebres e, ademais, de explorar o riso fácil extraído da costumeira troça com contemporâneos efeminados. Mas essa explicação está longe de dar conta da cena como um todo, a qual, pela sua posição privilegiada bem como pelo seu teor, merece uma atenção mais detida. Pois, como se nota, o conjunto das personagens e a ação em questão oferecerão excelentes pretextos para que o comediógrafo explore dramaturgicamente os figurinos, os aparatos cênicos, as odes líricas e os cantos trágicos – explicitamente aludidos e utilizados de modo metateatral. Em suma, uma série de elementos cênicos permitir-lhe-ão traçar com naturalidade e com originalidade os contornos da atividade poética. E isso é feito por meio de brincadeiras sugestivas que manipulam noções tais como: o modo ou comportamento (*trópos*) de um poeta, a sua natureza (*phýsis*) e a sua capacidade de imitação/representação/expressão/interpretação (*mímesis*[4]). Assim, na referida cena, Aristófanes tira proveito da personagem de Ágaton – esse outro poeta trágico, *alter* e ao mesmo tempo espelho de seu Eurípides[5] – e notadamente de sua feminilidade, para efetuar considerações a respeito da técnica dramato-poética. Considerações que, aliás, em muito ultrapassam as fronteiras da comédia, dirigindo-se tanto para o que há de *dionisíaco* no drama quanto para o que há de mimético e comportamental na poesia, conforme procurarei mostrar.

4. Não cabe aqui uma discussão extensa a respeito da noção de *mímesis* e das possíveis traduções da palavra. Existe vasta literatura publicada sobre o tema, e atualmente parece ser unânime a posição de que não se trata de imitação no sentido mais simplório e imediato do termo. Por tal motivo, aglutino os modos mais importantes de entender e traduzir o termo, a fim de sugerir que os seus sentidos estejam entrelaçados e sejam todos indispensáveis para uma compreensão mais adequada da complexa noção em questão. A literatura sobre o assunto é vasta demais para poder ser citada neste contexto.
5. Quanto à relação entre a personagem de Eurípides em *Acarnenses* e em *As mulheres que celebram as Tesmofórias*, que envolve uma troca de papéis interessante remetendo à disputa real entre Aristófanes e Eurípides e também entre comédia e tragédia, incluindo Ágaton, ver Saetta-Cottone (2011).

Resumidamente, o que ocorre na cena do prólogo é que o velho parente de Eurípides, uma dessas personagens rudes e de entendimento limitado que tanto povoam o imaginário cômico aristofânico, vê Ágaton pela primeira vez e se espanta com a sua aparência. Tendo ouvido o nome do poeta e esperando ser apresentado a um rapaz viril, moreno, forte e de barba espessa (v. 31-34), surpreende-se ao ouvir um canto doce, lascivo e feminino e ao encontrar uma figura frágil e sexualmente ambígua (v. 130-135). É em torno desse fato que se desenrola o diálogo entre os dois, não sem antes ser sugerido um forte vínculo entre a ambiguidade sexual de Ágaton e o dionisismo que subjaz a ela. Isso porque a primeira pergunta que o parente dirige ao poeta trágico na cena pertence, segundo o escoliasta, à primeira peça (*Edônios*) de uma tetralogia de Ésquilo intitulada *Licurgia* e mencionada explicitamente pelo velhote. Na referida peça ocorria um confronto entre Licurgo, o rei de Esparta, e o deus Dionísio e a pergunta feita pelo velho parente a Ágaton parece ser uma citação *ipsis litteris* do texto de Ésquilo. Muito provavelmente, ela fazia parte de uma cena onde o deus, prisioneiro do rei, era submetido a um interrogatório. Esse fato é digno de nota porque, além de constituir mais um dos abundantes elementos metateatrais manipulados na cena, também a inscreve como um todo sob uma rubrica dionisíaca, remetendo o drama cômico à tragédia de Ésquilo e criando uma analogia direta entre Dionísio e o poeta Ágaton.[6] Vejamos então em detalhes a abordagem do velho parente:

> E tu, meu rapaz – se é que és rapaz! – quero fazer-te umas perguntas como Ésquilo na *Licurgia*: "donde vens, andro-fêmea?" Qual é a tua terra? Que roupa é essa? Que trapalhada de vida é esta? O que tem ver uma lira com uma túnica cor de açafrão? E uma pele com um véu? E um frasco de óleo com um sutiã? Não combina uma coisa com a outra! Que aliança é essa de um espelho com uma espada? E tu, meu rapaz, será que és mesmo homem? Então onde está o teu membro? E o teu manto? E os teus sapatos espartanos? Ou és mulher? Mas então onde estão as tuas maminhas? O

---

6. Como diz Saetta-Cottone (2011, p. 148) a respeito de Ágaton nessa cena, "De fato, é um novo Dionísio".

que dizes? Por que te calas? Será que vou ter de investigar, pelo teu canto, quem tu és, já que tu próprio não mo queres dizer? (ARISTÓFANES, 1978, v. 134-172)[7]

Como se nota, a lista de objetos dissonantes citados pelo parente nesse seu questionário não apenas revela a convivência entre traços masculinos e femininos (de um lado o frasco de óleo, a espada, o manto, os sapatos espartanos, de outro lado o vestido cor de açafrão, o véu, o sutiã, o espelho), como também os faz coexistirem com objetos próprios do poeta-compositor (a lira e o canto). Logo, se a citação da peça de Ésquilo deixa claro o fato de que Ágaton é aqui representante de Dionísio, o que o começo da cena põe em foco é o caráter andrógino do próprio deus, do poeta trágico e até talvez, por extensão, da dramaturgia como um todo. Os atributos e objetos que determinam uma pertença ou uma clara identificação sexual lhe faltam (no caso dos membros físicos não claramente identificados) ou lhe sobram (no caso dos elementos cênicos) e a reação do parente a esse fato é representativa do incômodo e do assombro causados pela androginia dionisíaca de Ágaton e de sua obra poética.

É justamente em resposta a esse sugestivo conjunto inicial de perguntas e ao provocativo espanto do parente que Ágaton esboçará a teoria aqui em questão. Sua fala se dividirá em uma duplicidade que para muitos comentadores é tão desconcertante quanto a do deus Dionísio (SAETTA-COTONNE, 2016). A primeira parte de sua fala defende o seguinte:

> Ai, meu velho, meu velho! O que te faz falar é a dor de cotovelo, mas não me atingiu a picada. Cá por mim trago uma roupa conforme à minha maneira de pensar. É preciso que o poeta atue de acordo com as suas peças, que lhes adapte os seus modos (*trópous*). Por exemplo, se compõe peças com mulheres, é preciso que o corpo participe dos modos [femininos]. (ARISTÓFANES, 1978, v. 146-152).

---

7. Todas as traduções de *As mulheres que celebram as Tesmofórias* por Maria de Fátima Sousa e Silva (1978), ligeiramente modificadas.

Ocorre a seguir uma pequena troca cômica de farpas, onde se completará a primeira parte da teoria de Ágaton:

Parente: Então... cavalgas quando compões uma *Fedra*?
Ágaton: Se se fazem peças com homens, tem-se no corpo essa característica. E aquilo que não possuímos, consegue-se pela imitação (*mímesis*).
Parente: Então quando fizeres sátiros, chama por mim, para eu te dar uma ajuda por trás, de pau duro. (ARISTÓFANES, 1978, v. 153-158).

Como se nota, Ágaton inicia a sua resposta ao parente alegando que os poetas precisam adequar-se aos principais modos (*trópoi*) que caracterizam os dramas que estão sendo compostos. Mais ainda: seu próprio **corpo** (*sóma*) deve participar desses modos. Assim, se ele está vestido de mulher, é porque está compondo uma peça feminina e precisa fazer seu corpo adaptar-se aos modos femininos. Coisa que, evidentemente, nos remete ao enredo da própria comédia da qual Ágaton está participando como personagem e nos faz imaginar um Aristófanes compondo-a vestido de mulher. Tudo começa, portanto, no figurino do poeta-compositor durante o ato de criação. Na fala de Ágaton, a roupa é o recurso inicial por ser aquilo que recobre o corpo do poeta, revestindo-o da aparência necessária para a ocasião; e, em última instância, encobrindo o seu corpo verdadeiro.

Já na fala seguinte, Ágaton arremata a primeira parte de sua teoria poética asseverando que, ou bem o poeta expressa algo que já possui fisicamente e já está à sua disposição, ou bem ele acionará um dispositivo mimético para providenciar o que não possui. Assim, a *mímesis* desempenha aqui um papel muito claro de provedora daquilo que falta ao poeta, ou ainda, de fornecedora de "próteses" acessórias que permitem ao poeta tornar-se aquilo que ele não é. Se essa potência mimética for associada ao caráter dionisíaco de Ágaton e da cena como um todo, será possível observar que o deus indefinido e camaleônico é patrono do drama precisamente por sua capacidade mimética de transformar-se em outros, ou ainda, de experimentar a alteração de si em muitos (TASINATO, 2010). Afinal, em que consiste a arte do poeta trágico, do poeta cômico e do ator, senão em uma multiplicação de si? Por conseguinte, trata-se nessa cena de uma teoria da *mímesis* enquanto capacidade de adquirir algo que não se tem, com o fito de transformar-se no outro e expressar outras formas, outros corpos, outros modos. Aliás, não poucos intérpretes frisam que o termo *mímesis* é aqui pela primeira vez – até onde se pode saber – usado para caracterizar a arte dramática, fato digno de menção (CANTARELLA, 1970; SOUSA; SILVA, 1987; MAZZACCHERA, 1999).[8] A questão que permanece, porém, é a seguinte: qual é o estatuto do **corpo** (*sóma*) na fala de Ágaton? Será que ele pode ser entendido como algo equivalente à natureza do poeta, no sentido de que o corpo lhe foi naturalmente dado? Se sim, então seria possível notar aí uma flagrante oposição entre arte e natureza, uma vez que aquela provê, por meio da *mímesis*, o que esta não nos forneceu, pois o nosso corpo não o exibe espontaneamente. Essa seria, resumidamente, a primeira parte da teoria agatônica.

8. Lembremos, entretanto, que em *Nuvens*, que é anterior às *Mulheres que celebram as Tesmofórias*, temos um esboço dessa noção, mesmo na ausência da palavra; por falta de espaço, não me estenderei sobre o tema, mas gostaria de citar os seguintes versos da peça: "SO: Já te aconteceu, olhando para os ares, de ver uma nuvem parecida com um centauro, um leopardo, um lobo, um touro? ST: Sim, por Zeus, o que isso significa? SO: Elas se tornam tudo o que querem. Se virem um indivíduo cabeludo, como o filho de Xenofanto, para zombar de sua louca paixão, tomam logo a figura de centauros. ST: E se virem um ladrão de fundos públicos, como Símon, o que fazem? SO: Para mostrar sua natureza, tornam-se imediatamente lobos. (...) E agora que viram Clístenes, vê, ei-las de repente mulheres" (ARISTÓFANES, 2006, v. 348-356). Como diz Saetta-Cottone (2013, p. 85), trata-se de uma "teoria da *mímesis* cômica inteiramente aristofânica" que encena uma espécie de assimilação burlesca, pois as nuvens tomam a forma de quem está diante delas, assim como o cômico se metamorfoseia a fim de zombar de alguém – de seus aspectos físicos, qualidades morais, hábitos, ações etc. Strauss, aliás, já notara que o coro de nuvens pode ser interpretado como padroeiro da própria arte aristofânica (STRAUSS, 1966). Ou seja, temos um despontar da *mímesis* já em *Nuvens*. Talvez também antes, em *Acarnenses*, peça mais antiga de Aristófanes que nos restou, quando Diceópolis diz a Eurípides (sempre ele): "Compões com os pés para o alto, quanto poderias tê-los na terra! Compreendo que crias personagens mancos... Mas por que usas esses trapos trágicos, figurino lamentável? Compreendo que crias mendigos..." (ARISTÓFANES, 2006, v. 411-414). Aqui não se usa o termo *mímesis*, mas há claramente a descrição de uma habituação a certas condições por meio de práticas ou dispositivos, suplementos ou elementos evocativos e miméticos. Sendo assim, se *Acarnenses* prefigura e *Nuvens* inaugura a relação do drama com a *mímesis*, é o Ágaton de Aristófanes quem a consolida. A capacidade mimética seria definitivamente a provedora dos artifícios artísticos de que a arte dramática depende. Seria interessante, em outra ocasião, analisar em conjunto as considerações poéticas dessas três peças.

Entretanto, este esquema plausível e didático entra em colapso quando lembramos que Ágaton não é um poeta masculino travestido de mulher, mas é "um andro-fêmea", para empregar a definição do velho parente que remete ao diosinismo da situação (v. 135). Logo, a questão não é tanto o estatuto do corpo **na** fala de Ágaton quanto o estatuto do corpo **de** Ágaton. Pois o fato cênico absolutamente explícito no começo do diálogo entre as duas personagens é que Ágaton também teria de mimetizar um homem, caso estivesse disposto a compor um drama heroico, por exemplo (mesmo que não esteja claro se seu corpo é assim por natureza, por habituação ou por *mímesis*). Pelo menos essa é a insinuação cômica e derrisória de Aristófanes, como se toda a teoria do poeta andrógino se resumisse a uma justificativa retórica para o fato de que ele simplesmente tem prazer em se vestir de mulher e em comportar-se como tal. Como afirma Mazzacchera (1999, p. 210), "(...) o significado real do vestuário feminino de Ágaton, que em última análise revela-se não como uma *mímesis*, mas como a visualização da *phýsis* do poeta, termina por derrubar parodicamente o sentido das palavras de Ágaton".

Nesse sentido, a segunda parte da fala e da teoria de Ágaton vêm coroar e complexificar ainda mais essa ambígua e dionisíaca visão poética que transita entre natureza e arte, corpo e artifício, masculinidade e feminilidade.[9]

> **Ágaton:** Aliás é contrário às musas ver um poeta grosseiro e peludo. Repara que o famoso Íbico e Anacreonte de Teos e Alceu, que tanto condimentaram a música, usavam turbante e tinham uma vida efeminada, à moda Jônia. E Frínico, decerto já ouviste falar dele, era um bom pedaço de homem e se vestia com bom gosto. Por isso é que as peças dele eram também belas. É uma necessidade compor de acordo com (*hómoia*) a própria natureza (*phýsis*).
> **Parente:** Então por isso é que Fílocles, que era feio, compunha peças feias, e Xénocles, que era mau, compunha peças más, e Teógnis, que era frio, compunha peças frias.

---

9. Sem esquecer, evidentemente, que o teatro grego era exclusivamente masculino em todos os seus níveis de criação: da dramaturgia à atuação, passando pelos cenários etc.

Ágaton: Forçosamente! E é por saber isso que eu passei a cuidar da minha pessoa. (ARISTÓFANES, 1978, v. 159-172)

Neste final de diálogo entre o parente e Ágaton, encontramos finalmente o outro lado da moeda poética, que vem reforçar a ambiguidade dionisíaca do dramaturgo que trava um jogo somático-mimético entre o que tem e o que não tem. O novo elemento que agora entra em cena é a tendência ou inclinação natural de cada um dos poetas-compositores, que, segundo Ágaton afirma explicitamente, compõem "de acordo com a própria natureza (*phýsis*)". Como nota ainda Mazzacchera (1999, p. 209),

> (...) a influência entre o caráter e o assunto ou o gênero de suas composições pode exercitar-se em ambas as direções: ou é a pessoa do poeta a determinar a característica da poesia, ou é esta última que influencia a natureza do poeta, constrangendo-o a um ato de *mímesis*.

Dessa forma, modos habituais, comportamentos, índoles ou mesmo a *phýsis* do compositor levam-no a certas tendências compositivas que talvez tornem a *mímesis* desnecessária em certos casos; porém, por outro lado, certos estilos, assuntos ou gêneros de composição (que não por acaso encarnam-se aqui nos gêneros sexuais das personagens) exigem do compositor um exercício técnico-mimético de identificação, assemelhamento ou assimilação ao conteúdo do enredo composto.

Além disso, existe ainda um último elemento presente nessa segunda parcela da teoria poética de Ágaton que se direciona mais para a natureza da própria poesia do que para a índole do poeta que compõe. Pois a personagem parece sugerir também a existência de uma relação estreita entre a feminilidade e a beleza poético-musical, uma vez que são efeminados todos os exemplos de poetas compositores que, segundo ele, produzem obras belas e excelentes. Assim, agora já não se trata de transformar-se em muitos outros; já não se trata de poder ser tanto homem quanto mulher, tanto corajoso quanto covarde, tanto bruto quanto doce, tanto elevado quanto baixo. Tampouco se trata de prover artificialmente, por meios miméticos, aquilo que falta ao corpo do poeta. Tampouco ainda de fazer da composição um espelho da sua própria natureza ou um produto de suas inclinações mais íntimas. Trata-se agora de possuir uma feminilidade inerente que torna um homem capaz de produzir obras belas. A boa poesia dramática, parece alegar Ágaton, se não é obra de mulheres, só pode ser obra de homens femininos como Íbico, Anacreonte, Alceu e Frínico. E, não por coincidência, como o próprio Ágaton, autor da teoria exposta. Nesse sentido, a resposta do parente dá o perfeito arremate à observação de Ágaton, pois enfatiza ainda mais o viés "naturalizante" e/ou "comportamental" da obra dos poetas compositores, a saber: se não forem femininos e belos, também poderão produzir poemas, mas farão, não boa e bela poesia, mas poesia feia, má e fria, como fizeram Fílocles, Xénocles e Teógnis.

Somados os argumentos de Ágaton e os dois lados desse esboço de teoria poética, o que se tem é o seguinte: de um lado, a *mímesis* vem fornecer aquilo que o corpo não possui. Homens poderão escrever dramas femininos se se tornarem temporariamente femininos, se se adaptarem provisoriamente aos modos das mulheres. Eles possuem em seus corpos aquilo de que precisam para compor dramas masculinos, mas tudo o que não têm podem passar a ter por meio do jogo mimético, isto é, por causa dessa potência dionisíaca camaleônica capaz de participar de todos os corpos outros por meio de artifícios artístico-teatrais. Ou seja, o mimetismo é uma capacidade poética que trata de providenciar o que nos falta em termos de características físicas e inclinações naturais.[10] De outro lado, porém, não se trata mais de uma capacidade mimética camaleônica, mas sim de uma capacidade diretamente ligada às características individuais e às inclinações comportamentais dos poetas, que, nos melhores casos, são decididamente femininos, mesmo quando habitam corpos de homens. Assim, caso não se possua espontaneamente a feminilidade que tende à beleza, serão feitos dramas também concordes com os respectivos modos dos

---

10. Que essa espécie de teoria não seja usada para defender a eterna reserva de mercado de um único grupo sobre todos os papeis teatrais possíveis seria meu desejo. Penso haver um contexto específico para ela, inclusive um contexto de total dominação hegemônica, em que apenas homens atenienses, com tudo o que isso implica, desempenhavam todos os papeis produtivos e teatrais, da autoria à atuação, passando pela produção e direção.

que os compõem, mas necessariamente menos belos e inferiores. Ou seja, a *mímesis* parece não ter mais atuação nesse segundo argumento, pois cada poeta compõe aquilo que suas características adquiridas e/ou inerentes lhe permitem compor.[11]

Todavia, o que torna esse esboço de teoria ainda mais interessante é o fato de que a essas duas faces acrescenta-se uma terceira, pois entre um e o outro lados da moeda poética – postado a meio caminho entre arte e natureza, *mímesis* e inclinação, técnica e característica

---

11. Interessante confrontar brevemente o conteúdo dessas falas das personagens de Aristófanes com certas partes da teoria de Aristóteles da *Poética*. Pois, ali, é a natureza mimética dos homens que explica a origem da poesia: "Uma vez que a atividade mimética nos é natural, e também o uso da melodia e do ritmo (pois é evidente que os metros fazem parte dos ritmos), aqueles que, desde o início, eram naturalmente mais bem dotados para esse fim conduziram e deram, pouco a pouco, origem à poesia a partir de improvisações. A poesia se dividiu segundo caracterizações (*éthe*) próprias: de um lado, os mais elevados mimetizavam as belas ações e aquelas dos homens que agem desse modo; de outro, os menos elevados mimetizavam as ações infames, compondo, em primeiro lugar, difamações [invectivas]; enquanto aqueles outros, hinos e elogios" (ARISTÓTELES, 2015, 1448b20-28). Ou seja, assim como os seres humanos fazem poesia por serem os mais miméticos dentre os animais, também entre os homens há uma escala mimético-musical, digamos, e aqueles que foram mais propensos às duas coisas, ou mais bem dotados mimética e musicalmente, deram início à prática da poesia pela improvisação. Porém, como se nota, o filósofo não deixa de aludir, nessa mesma passagem, aos *éthe* dos poetas particulares e, à moda agatônica, menciona a similaridade entre as tendências características e as suas composições (sem que seja possível, evidentemente, afirmar que os *éthe* são naturais, uma vez que podem ser entendidos como *costumes* adquiridos ao longo da vida; ainda assim, a ideia é que se encontram de tal maneira enraizados, que passam a caracterizar os homens que os possuem). Ou seja, se a *mímesis* explica o nascimento da poesia em geral, são as características particulares dos poetas que explicam os diferentes gêneros poéticos (com a nada desprezível diferença de que ele troca as distinções entre gêneros sexuais por distinções entre ações elevadas e baixas – serão distinções morais, éticas, sociais?). A *mímesis* não deixa de ser algo que se inscreve na natureza humana em geral e muito particularmente na natureza de certos homens, e que faz com que eles pendam para a capacidade de ser o que não são por natureza. Porém, isso não impede o filósofo de notar que os poemas de cada homem-poeta estão contagiados por aquilo que lhe é mais espontâneo, portanto mais facilmente adquirível, mimetizável, digamos assim, e transmissível. Existe, portanto, uma associação interessante entre *mímesis* e *ethos* que faz lembrar levemente a teoria agatônica. Observação parecida é encontrada também em uma passagem acerca do persuasivo, já no capítulo 17 da *Poética*: "De fato, são mais persuasivos aqueles que estão nas paixões de mesma natureza; pois, com extrema veracidade, o que está apavorado se apavora e o que está irado invoca a fúria" ARISTÓTELES, 2015, 1455a30-32).

espontânea –, encontra-se a própria personagem de Ágaton. Como foi notado antes, esse poeta-personagem mimetiza aquilo que já tende a mimetizar, representa aquilo que já deseja representar, provê para si mesmo as vestes e os artifícios que, em realidade, são mais adequados para os seus próprios modos femininos. Em suma, Ágaton compõe temas que exigem dele uma beleza que, tanto natural quanto artificialmente, ele já possui. Por um lado, ele não se contenta em apenas armar-se de elementos miméticos que combinem como os dramas que comporá; por outro lado tampouco contenta-se apenas em compor dramas que combinem com suas características mais pregnantes. Ele é capaz de fazer ambas as coisas ao mesmo tempo, reforçando mimeticamente aquilo que suas inclinações tendem a realizar, ou ainda, dando um auxílio ou reforço mimético à sua natureza espontaneamente bela e feminina. Ágaton, em suma, "finge que é dor a dor que deveras sente".

Se adicionarmos a tais observações o fato patente de que o Ágaton de Aristófanes é um paralelo ou análogo do deus teatral, será possível concluir notando que dessa obra resulta um importante retrato de Dionísio. Assim, se para certos poetas a *mímesis* é algo exterior ou posterior ao corpo e à *phýsis* – algo que os socorre assim como uma prótese ou um suplemento artificial, provendo aquilo de que necessitam para compor em conformidade com as suas peças –, para o deus-poeta Dionísio, ao contrário, androginia e capacidade de transformar-se em outro não são duas características distintas, mas uma única característica inscrita em sua natureza divina. Assim como é o único deus filho de uma mortal, e por isso compartilha de uma duplicidade fundamental entre humano e divino, Dionísio participa também dos dois gêneros sexuais, sendo mais do que qualquer um o deus **entre**, o deus que está dos dois lados das dicotomias e, por isso, não está de lado algum.[12] Não é à toa que ele sabe apadrinhar tanto comédias quanto tragédias. Atribuir

---

12. Segundo Saetta-Cottone (2016, p. 187), "(...) a prerrogativa divina de Dionísio é de integrar todas as diferenças, quer elas sejam sociais ou sexuais ou geracionais, a partir da diferença entre o divino e o humano que está inscrita em seu destino pessoal como filho de um deus e de uma mortal". Conferir também p. 14 do mesmo texto da autora.

a um deus de nome masculino uma natureza andro-feminina e semi-humana é uma maneira imagética e simbólica de assinalar precisamente a sua maleabilidade e capacidade de transitar por vários âmbitos sem precisar ser isso ou aquilo determinadamente. O que lhe propicia mimetizar melhor por natureza, isto é, abarcar várias qualidades dissonantes e mutuamente excludentes, sem ser portador de alguma delas mais do que de outra. Por trás das máscaras de Dionísio não há uma face única. Assim, a contradição entre a *mímesis* provedora de artifícios e a *phýsis* do poeta se dissolveria parcialmente na natureza desse deus atópico, sem desaparecer totalmente.

Por tal motivo, o Ágaton aristofânico de natureza mimético-dionisíaca definitivamente apresenta todos os ingredientes de que um poeta necessita para fazer boa poesia: tanto a maleabilidade dionisíaca quanto a feminilidade sensível à beleza e adquirida por hábito e imitação, ou exibida por tendências individuais inatas. Por essas mesmas razões, apresenta também todos os pré-requisitos necessários para se disfarçar de mulher – que é a única coisa em que Eurípides está de fato interessado na cena examinada, e que talvez seja também um dos maiores interesses do próprio Aristófanes, que encarna o lado burlesco, satírico e fálico desse mesmo dionisismo, e que é capaz de aproveitar o fio condutor da feminilidade poética da sua personagem para encenar uma série de travestimentos cômicos e metateatrais. Assim, as manobras dramatúrgicas de Aristófanes fazem dessa teoria estética um sofisticado jogo metadionisíaco; todas as nuances respeitantes às personagens da cena são empregadas no sentido de entrelaçar o mais rasgado riso cômico a uma proposta poética talvez sem precedentes. Explorando de modo magistral os seus elementos cênicos e jogando com as técnicas teatrais para falar delas mesmas, o comediógrafo não apenas inaugura uma teoria estético-mimética que terá vida longa, como nos dá provas da inventividade e do vigor especulativo da arte dionisíaca grega.

REFERÊNCIAS

ARISTÓFANES. *As mulheres que celebram as Tesmofórias*. Introdução, tradução e notas de Maria de Fátima de Sousa e Silva. Coimbra: Instituto Nacional de Investigação Científica, 1978.

ARISTÓFANES. *Acarnenses, Cavaleiros, Nuvens*. Introdução, tradução e notas de Maria de Fátima de Sousa e Silva. Lisboa: Imprensa Nacional Casa da Moeda, 2006.

ARISTÓFANES. *Les Thesmophories ou la fête des femmes*. Tradução comentada de Rossella Saetta-Cottone. Paris: Éditions de Boccard, 2016.

ARISTÓFANES. *Les Thesmophories, Les Grenouilles*. Texto estabelecido por Victor Coulon. Traduzido por Hilaire van Daele. Paris: Les Belles Lettres, 2002.

ARISTÓTELES. *Poética*. Tradução, introdução e notas de Paulo Pinheiro. São Paulo: Editora 34, 2015.

CANTARELLA, R. Agatone e il prólogo delle *Tesmoforiazuse*. In: *Scritti minori sul teatro Greco*. Brescia: Paideia, 1970.

LEVÊQUE, Paul. *Agathon*. Paris: Les Belles Letres, 1955.

MAZZACCHERA, E. Agatone e la mímesis poetica nelle Tesmoforiazuse di Aristofane. *Léxis: poetica, retorica e comunicazione nella tradizione classica*, v. 17, p. 205-224, 1999.

SAETTA-COTTONE, R. Euripide e Aristofane: un caso di rivalità poetica? In *Ritmo, parola, immagine*: il teatro classico e la sua tradizione. A. M. Andrisano (Org.). Ferrara: Palumbo, 2011.

SOMMERSTEIN, Alan. *Talking about laughter and other studies in Greek comedy*. Oxford: Oxford University Press, 2009.

SOUSA E SILVA, M. de F. *Crítica do teatro na comédia antiga*. Coimbra: Editora da Universidade de Coimbra, 1987.

TASINATO, M. La mimesis di Agatone. In *Maschile e femminile: genere ed eros nel mondo greco*. M. De Poli (Ed.). Padoue: S.A.R.G.O.N., 2010.

Hamlet e o ceticismo

Pedro Süssekind

1.

O ceticismo como escola, ausente dos debates filosóficos durante toda a Idade Média, teve uma repercussão decisiva no período renascentista. Uma das mais importantes retomadas dos argumentos céticos na época moderna foi a de Montaigne, formulada no ensaio "Apologia de Raimond Sebond", no segundo volume dos *Ensaios*, de 1580. O texto foi responsável por apresentar a um público mais amplo, em francês, os argumentos céticos da tradição. Com isso, o autor forneceu "(...) o vocabulário para as modernas discussões do problema do conhecimento", segundo a avaliação de Richard Popkin (1997, p. 464). Além disso, ainda de acordo com o comentador, Montaigne modernizou os argumentos do ceticismo antigo e os conciliou com questões de seu tempo. Ele se baseou sobretudo nos escritos de Sexto Empírico e no texto "De Academica", de Cícero, mas com o intuito de incorporar as argumentações epistemológicas desses autores às preocupações do século dezesseis.

A respeito dessas preocupações típicas do momento histórico de Montaigne (e de Shakespeare), Popkin (1997, p. 464) descreve o contexto como uma "(...) época em que uma questão fundamental a respeito do conhecimento religioso tinha sido levantada pela Reforma e Contra-Reforma". Ele explica em seguida: "Os contra-reformistas usaram os argumentos céticos para construir uma 'máquina de guerra' contra seus oponentes protestantes, e os protestantes procuraram mostrar que os católicos destruiriam suas próprias opiniões por causa dos mesmos desafios céticos" (POPKIN, 1997, p. 464).

É nesse contexto que se insere o ensaio de *apologia* do teólogo espanhol Raymond Sebond, cujo *Livro da Natureza ou das Criaturas* foi traduzido por Montaigne a pedido de seu pai em 1569. A tradução foi feita cinco anos depois que o prólogo do livro tinha sido incluído pela igreja católica no Índex. A proibição se devia à proposta de que, a partir da separação entre a ciência profana e ciência sagrada, as investigações científicas da natureza deveriam ser liberadas da tutela teológica.

Montaigne, responsável pela tradução e difusão das ideias de Sebond, acabou se tornando uma referência inicial para o desenvolvimento do ceticismo moderno pela maneira como se apropria dos argumentos dos antigos e os discute. Esses argumentos estavam disponíveis em traduções recentes das obras de Sexto Empírico publicadas na França em latim. Como explica Danilo Marcondes (2012, p. 425), retomando e resumindo considerações de Richard Popkin:

> O marco central da retomada do ceticismo antigo no período moderno é a tradução do grego para o latim e a publicação do texto das *Hipotiposes Pirrônicas* (sob o título de *Pyrrhoniarum Institutionum*) de Sexto Empírico por Henri Estienne (Henricus Stephanus) em 1562, o que permitiu uma maior difusão dessa obra. Em seguida (1569), Gentian Hervet traduziu do grego para o latim e publicou *Contra os Professores* (*Adversus mathematicos*). Com isso, as duas principais obras de Sexto Empírico, representando a filosofia cética pirrônica, tornaram-se bastante difundidas nos meios intelectuais europeus.

A retomada de Montaigne baseou-se em duas fontes que constituem referências para dois tipos distintos de posicionamento cético: o ceticismo pirrônico grego, tal como apresentado nos escritos de Sexto Empírico, e o ceticismo acadêmico, tal como apresentado por Cícero em "De Academia". No ensaio *Apologia de Raimond Sebond*, o próprio Montaigne adota essa divisão que tinha sido proposta por Sexto Empírico, entre o ceticismo dos acadêmicos e o dos pirrônicos. A essas duas escolas filosóficas ele soma uma terceira, dos dogmáticos, contraposta às duas vias céticas.

O texto da "Apologia" afirma: "Quem procura alguma coisa acaba chegando a este ponto: ou diz que a encontrou, ou que ela não pode ser encontrada, ou que ainda está buscando. Toda filosofia está distribuída por esses três gêneros" (MONTAIGNE, 2006b, p. 254). O resumo estabelece assim a divisão básica que diz respeito às diversas posições acerca do problema do conhecimento: os dogmáticos são aqueles que têm a pretensão de descobrir a verdade, os acadêmicos defendem que a verdade não pode ser alcançada, e de acordo com Montaigne cabe aos pirrônicos a tarefa de abalar, de duvidar e investigar, de não garantir nada, de nada responder (MONTAIGNE, 2006b).

Haveria, portanto, duas vias filosóficas que têm como fundamento a dúvida, e em várias ocasiões Montaigne considera esse fundamento cético como o ponto de partida para todo debate filosófico. O ensaio "Que nosso desejo aumenta com a dificuldade", por exemplo, começa elogiando o ceticismo pirrônico: "Não há argumento que não tenha um contrário, diz o mais sábio partido dos filósofos" (MONTAIGNE, 2006b, p. 419). O autor apresenta o cético como aquele que permanece investigando e debatendo, em oposição ao filósofo dogmático, que pretende ter chegado à essência das coisas.

Quando se trata de avaliar sua própria posição, fica bem claro que Montaigne ressalta as afinidades de seu pensamento com o ceticismo, uma vez que ele se inclui entre aqueles que duvidam e recusa o fim de qualquer investigação. Outro ensaio em que o tema é elaborado, "Costume da Ilha de Céos", começa assim: "Se filosofar é duvidar, como eles dizem, com mais razão ocupar-se de ninharias e fantasiar, como eu faço, deve ser duvidar. Pois cabe aos aprendizes investigar e debater e ao catedrático resolver" (MONTAIGNE, 2006b, p. 29). Aqui, a expressão "como eles dizem" evidentemente está relacionada aos céticos. No entanto, o autor se considera ainda mais ocupado com dúvidas do que os próprios filósofos dessa escola, por ser mais um aprendiz do que um catedrático.

Essas afinidades não são evidenciadas apenas pelos elogios aos céticos e pela consideração da dúvida como fonte do debate filosófico, mas também pela confissão que Montaigne faz de sua própria ignorância, ao dizer por exemplo, no ensaio "Dos livros": "(...) quem me surpreender na ignorância não fará nada contra mim, pois dificilmente responderei a outrem por meus discursos, eu que não respondo a mim por eles, nem estou satisfeito com eles" (MONTAIGNE, 2006b, p. 114).

Vários trechos próximos a esse podem evidenciar o uso que o autor faz do ceticismo como modo de investigação e debate, voltado contra o dogmatismo e contra toda pretensão de estabelecer a verdade. Há passagens da *Apologia* que se referem, por exemplo, à diversidade das línguas como uma indicação da "(...) infinita e perpétua altercação e discordância de opiniões e de razões que acompanham e embaraçam a vã construção da ciência humana" (MONTAIGNE, 2006b, p. 331), ou então ao problema da impossibilidade do conhecimento de Deus, discussão teológica em que Montaigne (2006b) recorre a uma enumeração das diversas e contraditórias concepções tradicionais sobre a divindade.

Em um comentário sobre esse assunto, Junqueira Smith conclui que, no final da *Apologia*, "é a lição do ceticismo antigo que parece triunfar". Portanto, "nada nos restaria senão a suspensão do juízo e 'nada certo pode ser estabelecido'" (SMITH, 2012, p. 382). Mas o comentador chama a atenção também para algumas peculiaridades na maneira como Montaigne se apropria do pensamento cético antigo. Elas estão ligadas em especial ao método de recorrer à oposição de opiniões contraditórias para contestar as verdades do dogmatismo. A primeira dessas peculiaridades é que o ensaísta muitas vezes se restringe a enumerar diversas opiniões conflitantes, mas se abstém de emitir uma opinião própria ou de formular uma tese. Ao contrário de Sexto Empírico, que procura anular um argumento por meio da contraposição a outro igualmente forte, Montagine pareceria demonstrar que a pluralidade de opiniões divergentes impossibilita encontrar alguma que seja verdadeira. Desse modo, mesmo as opiniões e os argumentos céticos, tanto pirrônicos quanto acadêmicos, são incluídos pelo autor nas enumerações que demonstram a pluralidade infinita do debate filosófico (SMITH, 2012).

Baseado no ceticismo pirrônico, o ensaísta questiona por exemplo as concepções de sua época que punham o homem no centro do universo. Cito um trecho de sua especulação a esse respeito que se propõe a avaliar por um momento "o homem isolado, abandonado a si próprio, armado unicamente de graça e conhecimento de Deus". Montaigne (2006b, p. 213) quer saber em que consiste a grande superioridade que o homem pretende ter sobre as demais criaturas. Ele escreve:

> Será possível imaginar algo mais ridículo do que essa miserável criatura, que nem sequer é dona de si mesma, que está exposta a todos os desastres e se proclama senhora do universo? Se não lhe pode conhecer ao menos uma pequena parcela, como há de dirigir o todo? Quem lhe outorgou o privilégio que se arroga de ser o único capaz, nesse vasto edifício, de lhe apreciar a beleza?

2.

Feita essa citação do ensaio, proponho que se compare o trecho com uma fala da tragédia *Hamlet*, escrita por volta de 1600, num momento em que os ensaios montaignianos começavam a ter uma grande repercussão na Inglaterra. A comparação remete a uma longa tradição de debates em torno da influência de Montaigne sobre Shakespeare.

Algumas evidências deixam clara a importância da recepção de Montaigne, por exemplo o fato de que tanto o título das suas obras quanto o gênero literário ao qual esse título se referia foram incorporados à literatura inglesa naquele período, com a publicação de reuniões de textos chamados de *Essays*, como os de Francis Bacon, em 1597, e os de William Cornwallis, em 1600. Sem dúvida ambos os escritores foram influenciados diretamente pelo pensamento de Montaigne: o próprio Cornwallis comentou isso, embora admitisse ter usado uma tradução porque não lia francês (CORNWALLIS, 1946, p. xii), e Francis Bacon muito provavelmente chegou aos *Ensaios* por intermédio de seu irmão, Anthony Bacon, que conheceu o ensaísta francês e se correspondeu com ele (SHAPIRO, 2010, p. 331).

Acerca da demora de mais de uma década para a repercussão dos *Ensaios* na Inglaterra, o pesquisador James Shapiro (2010, p. 330) considera que, em função de certas circunstâncias históricas, "Montaigne começou a falar com grande proximidade a Shakespeare e a outros escritores ingleses" somente no final do século, "um momento cultural marcado por um elevado ceticismo e por um interesse profundo em como a experiência subjetiva pode ser expressa".

A tradição de pesquisas a respeito da influência de Montaigne sobre Shakespeare remete a pelo menos cento e cinquenta anos de análises e estudos comparativos. Para exemplificar a riqueza dessa tradição, basta mencionar três estudos do final do século dezenove que serviram de base para debates posteriores. Já em 1872, Otto Ludwig observava a semelhança notável que existia nos argumentos dos dois escritores e, levando em consideração a ressonância do ensaio "Que filosofar é aprender a morrer" em *Hamlet*, perguntava-se: "Um drama de Shakespeare não é de algum modo um ensaio de Montaigne?" (LUDWIG, 1872, p. 373). Nas décadas seguintes foram publicados dois livros que têm em seus títulos os nomes dos dois escritores, um deles é o de Jacob Feis, de 1884, intitulado *Shakespeare and Montaigne*, e o outro é o de John Robertson, chamado *Montaigne and Shakespeare*, de 1897.

Pois bem, retomo a comparação proposta antes. Numa conversa com Rosencrantz e Guildenstern, no segundo ato da peça de Shakespeare, Hamlet pensa aproximadamente do mesmo modo que Montaigne. De maneira irônica, ele questiona a base do humanismo:

> Que obra-prima o homem! Tão nobre em sua razão, tão infindo em faculdades, em forma e movimento quão rápido e admirável, na ação próximo dos anjos, na apreensão tão semelhante a um deus: a beleza do mundo, o paragão dos animais, maravilha no mundo – mas que é isso para mim senão a quintessência do pó. (SHAKESPEARE, 2015, p. 98)

Se uma crítica à pretensão do homem é desenvolvida no ensaio da "Apologia" como um argumento contra o dogmatismo, o questionamento formulado por Hamlet evidencia também uma incerteza profunda e indica uma postura cética. A falta de fundamento e de hierarquia acarreta uma situação de desamparo, marcada pelo isolamento do indivíduo diante de circunstâncias que ele não pode controlar. O diálogo com Rosencranz e Guildenstern gira em torno exatamente desse tema. Toda a conversa se desenvolve no registro irônico da loucura de Hamlet, em que as palavras são usadas como armas ambíguas para desmascarar a falsidade das circunstâncias.

O embate verbal tem início com a metáfora de que o mundo é uma prisão. Hamlet tinha saudado seus dois companheiros, recém-chegados ao castelo, com a pergunta: "Amigos, o que mereceram das mãos da Fortuna para que ela os mande pra prisão?" (SHAKESPEARE, 2015, p. 96). O pedido de esclarecimento de Guildenstern dá a oportunidade para a resposta: "A Dinamarca é uma prisão" (SHAKESPEARE, 2015, p. 96).

De um ponto de vista mais pessoal, a resposta de Hamlet indica que ele tem consciência da situação de aprisionamento em que de fato se encontra naquele momento. Relembro, em resumo, essa situação. Ela decorre dos acontecimentos mostrados no primeiro ato, no qual é revelado o assassinato do pai de Hamlet por seu irmão Cláudio, que agora ocupa o trono e comemora seu casamento com a rainha. Por que a Dinamarca é uma prisão? O resultado das ações mostradas é que o príncipe não tem permissão para sair do reino e, para esconder suas verdadeiras motivações e seus planos de vingança, decide fingir-se de louco. A chegada inesperada de Rosencranz e Guildenstern no início do segundo ato, sem nenhum motivo concreto para estarem ali, significa que seu comportamento estranho chamou a atenção do rei Cláudio.

No início da cena que apresenta esses novos personagens, o rei agradece aos amigos de infância do príncipe por terem atendido a um chamado urgente. Ele se mostra preocupado com as "mutações" de Hamlet, então Rosencranz e Guildenstern recebem a tarefa de sondar o motivo dessas mutações (SHAKESPEARE, 2015, p. 88).

Por isso, a ideia de que a Dinamarca é uma prisão dá a entender que Hamlet percebe as verdadeiras motivações de seus interlocutores e, com isso, tem consciência de que a partir daquele momento todos os seus passos serão vigiados. Entretanto, a dimensão pessoal da frase de Hamlet funciona também como símbolo de uma concepção filosófica mais ampla, que culminará com a reflexão sobre o ser humano que não passa da quintessência do pó.

    Retomo a metáfora no ponto de partida: quando ouve a afirmação de que a Dinamarca é uma prisão, Rosencranz observa: "Então, o mundo também". E o príncipe acrescenta: "Uma imensa prisão, repleta de claustros, cadeias e calabouços, e a Dinamarca é das piores" (SHAKESPEARE, 2015, p. 96).

    Essa ampliação da Dinamarca para o mundo associa a percepção que Hamlet tem de seu aprisionamento à noção de que o ser humano, de um modo geral, vive aprisionado. Rosencranz e Guildenstern discordam de Hamlet e parecem julgar que estão livres. Mas o príncipe lhes explica por que o lugar que é uma prisão para ele pode não ser para os dois: "O bom e o mal não existem, é o pensamento que os faz assim" (SHAKESPEARE, 2015, p. 96).

    Trata-se de uma explicação que tem raízes profundas no ceticismo: não há nenhum fundamento, nenhum valor absoluto, nenhuma verdade em que se apoiar, de modo que o bem e o mal, a liberdade e o aprisionamento, dependem da visão de mundo de cada um. Montaigne (2006b, p. 320), na "Apologia", formula uma ideia muito semelhante: "A imaginação humana nada pode conceber de bom e de mau que já não esteja nela".

    Em sua explicação do pensamento pirrônico, Sexto Empírico (1993) já especulava sobre as perturbações e os desconfortos decorrentes da postura de suspender o juízo sobre a existência do bom ou do mau em si mesmos. As reflexões de Hamlet parecem marcadas por esse tipo de perturbações. Para dar expressão a elas, o príncipe recorre a um outro argumento clássico da tradição cética. Ele diz para Rosencranz e Guildenstern: "Deus, eu poderia viver enclausurado dentro de uma noz e me consideraria o rei do espaço infinito – não fosse pelos meus sonhos ruins" (SHAKESPEARE, 2015, p. 96).

    Assim, Hamlet parece não só retomar a consideração de Montaigne sobre a criatura miserável que se proclama senhora do universo, como também lamentar a impossibilidade de continuar a viver sob a proteção dessa ilusão. Destituído dela, é preciso lidar com a consciência de que o mundo é uma prisão, isto é, de que o homem vive em circunstâncias extremamente restritas e submetido a um destino que não controla.

O que impede a ilusão, curiosamente, são os sonhos ruins, que Guildenstern sugere serem frutos da ambição, "sombra de um sonho" (SHAKESPEARE, 2015, p. 96), por entender que Hamlet deseja ser rei. A esse questionamento, o príncipe responde primeiro com a consideração de que o próprio sonho não passa de uma sombra, depois com a observação de que "(...) os mendigos são corpos, e nossos monarcas e heróis assombrosos são só as sombras desses mendigos" (SHAKESPEARE, 1987, p. 96). Hamlet recorre assim ao clássico argumento cético do sonho, encontrado em diversos textos antigos e retomado por Montaigne.[13]

A base desse argumento é a impossibilidade de comprovar a realidade das coisas durante a vigília, uma vez que durante os sonhos também julgamos que estamos diante de coisas reais. Essa ideia marcou profundamente o teatro barroco, considerando as diversas ocasiões em que a metáfora do sonho e de sua indistinção com a vigília aparece, seja na obra de Shakespeare, seja na de outros dramaturgos de sua época.

Entretanto, para além do uso mais direto de argumentos tradicionais, considero que tanto a postura cética de Hamlet quanto sua afinidade com o pensamento de Montaigne se mostram desde o seu primeiro solilóquio. Na segunda cena da peça, o príncipe lamenta que haja um mandamento contra aqueles que se suicidam. Ele desejaria que essa "carne sólida demais" derretesse, dissolvendo-se em orvalho (SHAKESPEARE, 2015, p. 62). Em seguida, declara enfadonhas e sem proveito todas as práticas do mundo, que só lhe causam tédio e nojo. Quanto a esse mundo, um jardim abandonado que degenera, cheio de ervas daninhas, "(...) só há o que é podre e corrupto, dominando ali" (SHAKESPEARE, 2015, p. 62).

O personagem se vê isolado do ambiente à sua volta e incapaz de encontrar qualquer justificativa para os acontecimentos a que está exposto. Diante dos revezes de sua sorte (a morte do pai e o casamento

---

13. Cf., por exemplo, Cícero, *Acad.*, II, 88-89; Sexto Empírico (1993). No século dezessete, o argumento foi consagrado por Descartes, em seu uso estratégico do ceticismo para chegar a uma certeza clara e distinta.

da mãe viúva com o tio desprezível), ele se abala profundamente, torna-se melancólico, maldiz o mundo em que vive e lamenta a condenação da prática do suicídio.

Mais tarde, Hamlet inveja a postura estoica de Horácio, "(...) um homem que recebe os afagos e os tapas da sorte com igual gratidão" (SHAKESPEARE, 2015, p. 118). Ele parece reconhecer, com isso, sua própria incapacidade de encarar a sorte adversa com a mesma tranquilidade de seu amigo. Mas talvez a diferença de postura não seja fruto de um problema de caráter, e sim de uma perspectiva filosófica distinta. O sábio estoico submete as variações da fortuna a um princípio geral de equilíbrio da natureza, ele avalia os destinos individuais a partir da visão de uma totalidade ordenada, na qual as desgraças e as felicidades obedecem a um plano superior que as justifica.

Um dos ensaios de Montaigne relacionados ao ceticismo, "Costume da Ilha de Céos", é justamente uma reflexão sobre o suicídio que recorre a um tema estoico. O autor especula, retomando uma questão da filosofia de Sêneca, sobre "quais ocasiões são suficientemente adequadas para fazer um homem adotar o partido de se matar?" (MONTAIGNE, 2006b, p. 35).

Esse tema comum entre Sêneca, Shakespeare e Montaigne ganha sua mais célebre elaboração no famoso solilóquio do terceiro ato de *Hamlet*, que rendeu uma das frases mais conhecidas, se não a mais conhecida de toda a história da literatura. Hamlet não sabe o que é mais nobre: suportar as flechadas da fortuna atroz ou tomar armas contra um mar de aflições Ele especula sobre a razão de tolerar os mil assaltos naturais herdados pela carne, quando poderia escapar deles por meio de um golpe de punhal e assim conseguir sua quietude. Essa ânsia pela consumação com o "sono da morte" descreve uma vida de fadigas e de fardos insuportáveis, uma sucessão de calamidades que parece não ter fundamento algum. Sendo assim, o único motivo para suportá-la seria o medo do desconhecido, a consciência que faz de todos nós covardes (SHAKESPEARE, 2015, p. 116).

Pode ficar bastante evidente a proximidade com a reflexão de Montaigne, que em seu ensaio sobre o suicídio, diz: "Por que te queixas deste mundo? Ele não te está segurando: se vives penando, tua covardia é a causa; para morrer falta apenas o querer" (MONTAIGNE, 2006b, p. 30). Assim como fará Hamlet, o ensaísta enumera males e situações adversas, para concluir: "A morte mais voluntária é a mais bela. A vida depende da vontade de outrem, a morte da nossa" (MONTAIGNE, 2006b, p. 31). É talvez ecoando essas especulações, caso se considere que Shakespeare leu Montaigne antes de escrever *Hamlet*, que o protagonista da tragédia considera o terror como sendo aquilo que impede o suicídio.

A meu ver, o papel do suicida em potencial é mais um entre os diversos papéis que giram em torno de Hamlet e que ele reluta em assumir. Aliás, isso pode indicar uma maneira mais geral de considerar sua relação com o pensamento de Montaigne, além da tentativa de identificar passagens pontuais em que há semelhanças temáticas. A chamada "pintura de si" de Montaigne elabora justamente a consciência de uma subjetividade em constante mutação, diante de um mundo no qual ela não se encaixa como uma peça dentro de uma ordem determinada. Em *Hamlet*, o protagonista reflexivo e melancólico se mostra em certos momentos um admirador das paixões impetuosas, ou um sábio que aspira estar à altura dos ideais antigos, ou um estrategista maquiavélico, quando as circunstâncias assim demandam. Em comparação com as figuras fixas e bem definidas de personagens como Horácio, representante do estoicismo antigo, ou Cláudio, vilão pragmático, o príncipe da Dinamarca é um cético que assume diferentes identidades diante de um tempo fora de eixo.

REFERÊNCIAS

CORNWALLIS, William. *Essayes*. Baltimore: The Johns Hopkins Press, 1946.
LUDWIG, Otto. Shakespeare und Montaigne. In: *Shakespeare Studien*. Editado por Moritz Heydrich. Leipzig, 1872.
MARCONDES. Danilo. Montaigne, a descoberta do novo mundo e o ceticismo moderno. *Kriterion*, n. 126, 2012.

MONTAIGNE, Michel de. *Os Ensaios*, Livro I. Tradução de Rosemary Costhek Abilio. São Paulo: Martins Fontes, 2006a.

MONTAIGNE, Michel de. *Os Ensaios*, Livro II. Tradução de Rosemary Costhek Abilio.São Paulo: Martins Fontes, 2006b.

MONTAIGNE, Michel de. *Os Ensaios*, Livro III. Tradução de Rosemary Costhek Abilio. São Paulo: Martins Fontes, 2006c.

MONTAIGNE, Michel de. *Os ensaios*. Tradução de Rosa Freire D'Aguiar. São Paulo: Companhia das Letras, 2010.

MONTAIGNE, Michel de. *Ensaios*. Tradução Sérgio Milliet. São Paulo: Abril Cultural, 1972.

MONTAIGNE, Michel de. *Les Essais*. Ed. Villey-Saulnier. Paris: PUF, 1998.

POPKIN, R. "Modern skepticism" In: JONATHAN, D.; ERNEST, S. (Org.). *A Companion to Epistemology*. Blackwell Companion to Philosophy, 1997.

REALE, Giovanni. *Estoicismo, ceticismo e ecletismo. História da filosofia grega e romana*. Vol. VI. Tradução de Marcelo Perine. São Paulo: Loyola, 2014.

ROBERTSON, John. *Montaigne and Shakespeare*. London: Adam and Charles Black, 1909.

SEXTUS EMPIRICUS. *Hipotiposes Pirronianas* (Outlines of Pyrrhonism). Tradução de R.G. Bury. Loeb Classical Library. London: Harvard University Press, 1993.

SHAKESPEARE, William. *Hamlet*. Tradução de Lawrence Flores Ferreira. São Paulo: Penguin e Companhia das Letras, 2015.

SHAKESPEARE, William. *Hamlet*. Oxford: Oxford University Press, 1987.

SHAPIRO, James. *1599*: um ano na vida de William Shakespeare. Tradução de Cordélia Magalhães e Marcelo Musa Cavallari. São Paulo: Editora Planeta, 2010.

SMITH, Plínio Junqueira. O método cético da oposição e as fantasias de Montaigne. *Kriterion*, n. 126, 2012.

"La folle du logis".
Poética e filosofia

Marc de Launay

A aparição de textos em nossa cultura é relativamente recente, e corresponde a uma virada de grande amplitude que aconteceu no início do primeiro milênio antes de nossa era, no momento em que, para retomar o léxico de Cassirer, a forma simbólica do mito conhece uma crise que precipita a aparição conjunta das religiões *stricto sensu* (isto é, as religiões reveladas), da ciência e da filosofia.

 A própria poesia, cujos modos tradicionais de transmissão foram ameaçados pela formação de um público de leitores que substituía aos poucos as assembleias (restritas) de auditores, contribuiu diretamente para precipitar esta dialética ao termo da qual o mito não desapareceria, mas passaria pelo crivo da mitologia. As epopeias, e a Ilíada oferece o exemplo acabado, colocam em cena os deuses que a mitologia isola pouco a pouco em relação aos relatos mitemáticos nos quais bebe, colocando-os face às decisões que tomam ou das quais se abstém, mas admitindo ao mesmo tempo que um destino deve seguir o seu curso. Apenas a cólera de Aquiles acarreta conflitos entre os deuses, que não deveriam anteriormente ser por esta afetados; perturba suas relações, as quais os obrigam a tomar partido nas questões humanas, ao mesmo tempo em que o mundo dos heróis entra em seu crepúsculo definitivo e que a ordem cósmica surge na luz sem cessar purificada de sua aurora mais abstrata. As hesitações e as querelas dos deuses, tais como Homero os imagina, implicam uma inventividade poética que permite pensá-los, em último caso de justificá-los. Uma formidável energia criadora propulsa a língua grega em direção às suas próprias virtualidades, e lhe permite afastar em permanência o que ela poderia apresentar como limites lexicais, sintáticos, rítmicos. Mas sobretudo, e desde o primeiro verso, se esboça a figura do poeta de maneira entretanto inaparente: sob a forma de um imperativo endereçado à Musa: "A cólera de Aquiles, filho de Peleu, que a Musa a cante, esta cólera abominável..."; mas também sob a forma de um juízo dirigido imediatamente ao próprio objeto de toda a epopeia ao desqualificar essa cólera desastrosa.

Um movimento similar e mais nítido nesta trajetória é impulsionado algumas décadas depois por Hesíodo. Sua *Teogonia* é colocada sob a égide das Musas – elas são três na época: Aédè, Mélètè, Mnémè (o canto, a reflexão e a memória) –, que são filhas de Zeus e Mnemosyne, criadora da linguagem e cujo papel foi cantar e glorificar a vitória do deus sobre as forças telúricas mais arcaicas: os Titãs, das quais ela própria provinha. A inspiração, se permanece de proveniência divina, escolhe, como em Homero, situar-se na perspectiva de uma genealogia cuja origem era ruptura com um estado anterior do mundo: aquele no qual reinavam as forças sem memória nem verdadeira linguagem. Hesíodo se situa portanto numa filiação clara com Orfeu. Além disso, e sem dúvida pela primeira vez nesta tradição, Hesíodo se nomeia desde o início de seu poema, falando de si mesmo na terceira pessoa (v. 22): surge assim um autor ao qual as Musas se dirigem diretamente e, nomeando-se, ele se endereça ao mesmo tempo àquelas e aqueles que o lerão; a leitura moderna se instala no momento em que se cria o primeiro público de leitores. Quando ele invoca suas inspiradoras, segundo uma fórmula convencional, "elas dizem o que é, o que será, o que foi" (v. 38), ele entretanto tomou cuidado para, antes disso, afirmar que seu canto "vai glorificar o que será e o que foi", e que, por consequência, o presente não estará mais sob tutela estrangeira. O presente da obra é sua redação. Trata-se de uma revolução: o autor é reconhecido, é uma pessoa e não uma constelação de Aedos anônimos; ele se endereça em pessoa às pessoas singularizadas pelo ato individual da leitura; sua capacidade literária é requisitada, indiretamente reivindicada por ele; consequentemente, o sentido do poema, mesmo que este deva obedecer às formas convencionais – glorificar os imortais – não é mais nem anterior nem superior ao texto pois é, ao contrário, seu produto, assim reivindicado como tal. Todo o desenvolvimento da *Teogonia* vai em seguida obedecer a um princípio de coesão que o estrutura: os engendramentos das figuras do mito são pensados ao mesmo tempo como causas às quais sucedem seus efeitos, e o conjunto das narrativas como uma construção progressiva que satura rapidamente suas figuras ao situá-las face à sua imagem já realizada. O poema se conclui, logicamente, pelas uniões dos deuses com os mortais. O mundo mítico é assim encerrado. Mas a sucessão temporal e o esboço de um princípio de causalidade são a criação do poeta que, para fazê-lo, recorre apenas aos materiais discursivos, linguísticos – a inspiração não transmite mais do que o que todo mundo já sabe, isto é, os nomes das figuras. Ele as reveste por ocasião de uma função simbólica que permite compreender como um cosmos inteligível pode substituir a ilusão de um mundo animado. Através apenas dos meios da arte.

Entramos assim, antes de Tales, numa cultura que não poderá deixar de tornar-se filosófica pois uma tensão se instala, e mantém-se atual, entre a possibilidade de progredir em direção à abstração dos princípios e a recusa de reconhecer o que depende dessa possibilidade mesma: uma linguagem de-substancializada; Adorno (1966/2001, p. 140) o diz bem: "(...) a força da língua se mostra no fato de que, na reflexão, expressão e coisa se separam. A língua torna-se instância de verdade apenas na consciência da não-identidade entre a expressão e o que é significado". Esta primeira dívida contratada pela filosofia nascente sob a forma de uma onto-cosmologia é ainda mais negada quando Platão afirma e defende a tese do *chorismos* das ideias, de sua separação radical: quando estas estão "nas coisas", não podem ser o que são verdadeiramente; quando as dizemos no discurso que as nomeia, elas têm um outro status, diferente daquele de dar forma às coisas. Mas a ideia não poderia ter a menor ligação que a manteria numa dependência em relação à sensibilidade inerente a cada língua. Ora, "(...) a eliminação da língua no pensamento não constitui sua desmitologização", a despeito de sua de-substancialização que lhe permitiu ser a partir de então material da arte; mas precisamente em função de seus laços indissolúveis com o sensível, com a imaginação: "É com cegueira que a filosofia sacrifica, com a linguagem, uma relação à sua coisa diferente da pura significação; é apenas como linguagem que o semelhante é capaz de conhecer o semelhante" (ADORNO, 2001, p. 140). Compreendemos melhor as dificuldades que Platão afronta quando tematiza a poesia no *Íon*. A oposição entre filosofia e poesia é uma primeira vez falseada na medida em que o adversário de Sócrates não é verdadeiramente um poeta, mas um rapsodo; uma segunda vez porque recusar à poesia ser uma "arte" (uma *téchnè*), no sentido de um "savoir-faire" e de uma habilidade, para em seguida qualificá-la como *théïa moïra*, de inspiração divina, não arruína em nada o status do poeta, e faz dele ao contrário uma espécie de igual do filósofo, também presa de uma *mania*, como lembra o *Fedro* (244 a): "É um fato, diz Sócrates, que entre os bens que nos cabem, os maiores são aqueles que nos vêm por meio de um delírio, do qual somos dotados certamente por um dom divino".[14] O poeta e o filósofo compartilhariam a mesma mania e, a técnica do poeta é reconhecida tacitamente desde que seja acompanhada pela mesma inspiração vinda das Musas. O caso do rapsodo (e não do poeta), presa do delírio, é apenas um engano que dissimula mal o que Platão é obrigado a conceder, ele que cita Homero e o considera como uma autoridade, ao menos em matéria de expressão – de *techné*, portanto... A expulsão dos poetas, na *República*, apenas confirma a suspeita aqui afirmada de uma concorrência insuportável. Em sua introdução às suas traduções de Platão, Schleiermacher indica bem claramente a maneira pela qual Platão procede nas exposições escritas de seus diálogos – sabemos com qual vigor, na *Carta* VII (343 a-b), ele fustiga as exposições escritas afirmando que são impróprias para transmitir o que verdadeiramente devemos entender – seja impulsionando aqueles a quem o verdadeiro saber importa pouco a se satisfazer do que querem bem compreender,

---

14. Platão admite também que o delírio da Sibila foi eminentemente proveitoso à Grécia em matéria de moralidade pública e de política, do mesmo modo como afirma que o delírio inspirado das Musas "faz a educação de sua posteridade" (245a), e que o poeta inspirado que todavia acredita apenas em sua técnica será tão ruim quanto um poeta que preserva todo seu juízo e não cede nunca à *mania*.

seja empurrando os espíritos mais afiados em direção a uma armadilha para pôr à prova sua capacidade de sair desta e se colocar verdadeiramente na boa via.[15] Assim, a *República* responde a uma questão legítima – qual seria o melhor governo possível? – pela exposição no condicional do que seria esta cidade perfeita, da qual o desejo é, a seus olhos, em princípio enganador. Se você quer construir uma cidade ideal, veja aqui com o que se parecerá e, claro, você será obrigado a suportar o reino dos filósofos; reis ciumentos, estes banirão os poetas, reconhecidos assim *via negativa* em sua função eminente de serem verdadeiros inovadores que um sistema fechado deve imperativamente evitar. A *República* não reflete o que Platão pensa em matéria de política; se fosse o caso, porque teria ele julgado bom escrever as *Leis*? "A distinção entre filósofos e poetas é um preconceito. Platão era essencialmente poeta...", assim julga Shelley (1822/2011, p. 40). É verdade que a seus olhos "(...) os poetas são os legisladores secretos do mundo" (SHELLEY, 1822/2011, p. 116). A ênfase poderia fazer sorrir, mas concluindo seu ensaio, ela remete a sua primeira fase que instala razão e imaginação numa relação de indissociável complementaridade – tendo em vista entretanto que a imaginação, trabalhando sobre pensamentos dos quais a razão "contempla as relações", "compõe outras a partir delas, como a partir de elementos" (SHELLEY, 1822/2011, p. 25), enquanto a poesia é definida como "expressão da imaginação" (SHELLEY, 1822/2011, p. 27). Cícero tinha bem observado a precedência, nas crianças, da *ars inveniendi*, reconhecendo entretanto que era inevitavelmente ligada à *ars demonstrandi*.[16]

---

15. Schleiermacher, "Vererinnerung": "Hiezu wird erfordert, daß das Ende der Untersuchung nicht geradezu ausgesprochen und wörtlich niedergelegt werde, welches Vielen, die sich gern beruhigen, wenn sie nur das Ende haben, gar leicht zum Fallstrick gereichen könnte, daß die Seele aber in die Notwendigkeit gesetzt werde, es zu suchen, und auf den Weg geleitet, wo sie es finden kann." (gutenberg.spiegel.de/buch/platons-werke-2430/3).
16. Cícero, *De finibus*, V, 15, 41. Ver igualmente *Tópica* II: "Toda discussão regular se divide em duas partes, a invenção e o raciocínio; (...) os estoicos se ocuparam apenas com este último; eles ensinaram com cuidado todos os procedimentos do raciocínio, por meio desta ciência que nomeiam "dialética"; mas negligenciaram inteiramente a invenção ou a "tópica", a qual tem, no uso, bem mais importância, e deve, na ordem natural, passar antes da ciência do raciocínio".

E Vico não deixou de comentar esta passagem em *A sabedoria antiga da Itália* quando passa em revista memória, fantasia e *ingenium*, não sem afirmar, no início do capítulo VII, que trata "da faculdade", que "(...) a imaginação é a mais certeira das faculdades, porque a exercendo fabricamos imagens das coisas" (VICO, 1993, p. 119). Ela é mesmo o "olho do *ingenium*" (VICO, 1993, p. 128). Shelley (1822/2011, p. 30) procura mostrar mais precisamente a "(...) maneira pela qual a imaginação se exprime em suas formas", isto é, pois que trata-se de poesia, "nas combinações da linguagem", e esta linguagem é

> (...) essencialmente metafórica: dito de outro modo, ela indica as relações imperceptíveis até então e delas perpetua a percepção até que as palavras que as representam se tornem, com o tempo, os signos dessas categorias ou classes de pensamento, ao invés de serem pinturas de pensamentos integrais. (SHELLEY, 1822/2011, p. 32)[17]

Essas relações imperceptíveis que são pressupostas pelas sínteses perceptivas mais antigas na ordem da constituição progressiva da imaginação a qual, assim, recebe suas impressões – é o sentido concreto do termo grego *hipotipose* –[18], termo que Kant escolhe, no parágrafo 59 da *Crítica da faculdade de julgar* para introduzir breves reflexões sobre o simbolismo.

De acordo com a introdução à terceira *Crítica*, a categoria da razão é o desejo. Dito de outro modo, a razão abre uma dimensão na qual reina o inacabado; isto é, a "causalidade por liberdade" que, não

---

17. Ele prossegue: "A abundância lexical e as distinções gramaticais são obra de uma época posterior e são apenas o catálogo e a forma das criações da poesia" (SHELLEY, 1822/2011, p. 33).

18. Ver Bacon, *De l'augmentation des sciences*, I, iii. O termo grego significa igualmente "transposição", "metáfora". Em 1812, Wilhelm von Humboldt redigiu um ensaio que ficou inédito até 1904 para responder a um pedido de seu irmão, que então publicava o seu monumental *Voyage aux régions équinoxiales du Nouveau Continent* (1799-1804), que desejava um complemento linguístico a sua enorme coleta geográfica. Humboldt (1904/2018, p. 64) escreve: "(...) um outro ponto para o qual poderíamos passar em revista as diversas línguas consiste nas metáforas que serviram para fixar as denominações da maior parte dos objetos, pois não há nenhum que não tenha recebido o nome pelo qual o chamamos por tal ou qual qualidade, tal ou qual semelhança com um outro".

designando mais apenas os mecanismos dos quais podemos extrair leis, desafia toda definição positiva, o que significa simplesmente que esta remete a um domínio no qual os conceitos não constituem mais o objeto dos processos cognitivos. Deste ponto de vista, o §59 reveste uma importância especial pois coloca imediatamente em paralelo o que a *Crítica da razão pura* (KANT, 1997, p.183-184; B180/181) chama de *esquematismo* e, a partir de então, o *simbolismo*. Este último concerne às noções que a razão pode apenas pensar, e às quais "(...) nenhuma intuição sensível pode ser adequada" (KANT, 2016, p. 249; Ak, V, 351). O funcionamento do simbolismo é "simplesmente análogo" ao do esquematismo e se acorda com ele do ponto de vista da "(...) regra desse procedimento, não da própria intuição, e, portanto segundo a forma da reflexão e não segundo o conteúdo" (KANT, 2016, p. 250; Ak, V, 351).

Kant expõe mais adiante as diferenças entre as intuições submetidas aos esquemas e aquelas que são submetidas aos símbolos: "Os esquemas procedem demonstrativamente, os símbolos por meio de uma analogia". As consequências são imediatas pois a faculdade do juízo deve então efetuar um trabalho duplo: "(...) primeiro aplica o conceito ao objeto de uma intuição sensível, e então aplica a mera regra da reflexão sobre essa intuição a um objeto inteiramente diverso, do qual o primeiro é tão-somente o símbolo" (KANT, 2019, p. 250; Ak., V, 352). Kant utiliza, a título de exemplo, a analogia (que é de fato uma hipotipose) entre um moinho manual e um Estado monárquico. Ora, ele interrompe subitamente sua reflexão sobre a semelhança que esperamos ver se desenvolver para declarar: "Tal assunto foi pouco discutido até aqui, embora mereça uma investigação mais profunda; mas aqui não é lugar para nos determos nisso" (KANT, 2019, p. 250; Ak. V, 352). Esta suspensão é surpreendente; ela antecipa sobre a frase que podemos ler na página seguinte, na qual Kant esboça uma explicação do fato da faculdade de julgar ser "relacionada a algo no sujeito e fora dele, que não é a natureza nem a liberdade, mas está conectado ao fundamento desta última, ou seja, ao suprassensível – no qual a faculdade teórica é unida à prática de um modo comum a todos e desconhecido" (KANT,

2019, p. 251 ; Ak, V, 353)[19]. O processo pelo qual a imaginação produz símbolos e imagens é portanto oculta à nossa capacidade cognitiva, assim como a ligação de uma intuição empírica com um conteúdo simbólico. Dito de outro modo, os dois grandes pilares de nosso conhecimento são um e outro, um como outro, *enigmas*. O fato de que o mundo pareça adaptado ao homem e que o homem seja adaptado ao mundo permanece misterioso – mas é entretanto o que não podemos admitir, salvo chegando ao insensato ou ao absurdo. Isto é, do mesmo modo como a questão do "sentido absoluto", do sentido de nossa destinação, do sentido dos fins da natureza não é de modo algum o que Kant pretende responder – ele testemunha, bem ao contrário, de uma confiança profunda ao mesmo tempo no que somos capazes de pensar e no que vamos fazer, ou seja, nos poderes das faculdades (aí compreendida a da imaginação) e nas ações humanas *no curso da história*. Para que o ser humano no mundo possa se colocar a questão do "sentido" e descobrir que tal sentido dele depende, para que esta questão em si mesma tenha um sentido, é preciso admitir que o mundo, impossível a apreender como totalidade, tem todavia uma estrutura e uma orientação que, por sua vez, só tem sentido pelo humano em sua liberdade. Do mesmo modo que o entendimento obedece às categorias cuja aplicação é arbitrada pela razão, para que esta última possa produzir ideias, devemos supor duas "formas a posteriori", isto é, a linguagem e o pensamento, e ainda o ilimitado da imaginação como "rainha das faculdades", para retomar a fórmula de Baudelaire (1985, p. 619):

> Misteriosa faculdade, esta rainha das faculdades! Ela toca todas as outras, as excita, as envia ao combate. Ela se assemelha a estas às vezes a ponto de se confundir com elas (...). Ela criou, no começo do mundo, a analogia e a metáfora. Ela decompõe toda a criação e, com os materiais reunidos e

---

19. Cf. Hans Blumenberg (2006): Blumenberg diz explicitamente que esta passagem de Kant deu a impulsão inicial aos seus próprios trabalhos, que procuram efetuar uma exploração da função das metáforas nos procedimentos iniciais de todo pensamento – mesmo o mais sistemático – , que não pode deixar de se articular com *uma* língua segundo as modalidades que inventa, a cada vez, a imaginação, sem fazer economia de uma poética e de uma retórica. Cf., igualmente, Blumenberg (2017).

dispostos segundo regras das quais só podemos encontrar a origem no mais profundo da alma, cria um mundo novo, produz a sensação do novo. (...) A imaginação é a rainha do verdadeiro, e o possível é uma província do verdadeiro. Ela é positivamente aparentada ao infinito.

É surpreendente que, no § 59, Kant confira um papel muito subalterno à linguagem, quando esperávamos que tratasse justamente de sua ligação com o simbolismo, pois nenhuma língua surge sem convocar a engrenagem da imaginação sobre o pensamento, articulação arbitrada pela razão, mas em princípio, e ao longo de toda uma evolução, pelo senso comum, ele mesmo atravessado por tal ou qual historicidade. Ora, na perspectiva da língua, conceito e símbolo se encontram situados num mesmo plano, com a diferença que, no registro conceitual, é incontestável a possibilidade de se enunciar leis, mesmo que estas possam ser alargadas ou refundidas sob uma construção conceitual mais englobante, enquanto que o registro simbólico não culmina em nenhuma forma de conhecimento de tais ou quais processos naturais. Ao contrário, no caso do símbolo, nos vemos confrontados a uma perpétua ilimitação dos conteúdos empíricos escolhidos como suporte das noções. Se, ao contrário de Kant, nos situamos na perspectiva da constituição das línguas levando em conta sua muito grande variação, veremos que os processos de simbolização por isto responsáveis alimentam-se numa imensa diversidade de recursos na ordem sensível sem que tenhamos necessidade de recorrer a uma experiência acabada ou finalizável; e se estes processos se referem a uma experiência, isto apenas aumenta sua polissemia. Podemos, por exemplo, simbolizar a fortuna por uma mulher de olhos vendados, mas este símbolo também foi utilizado para simbolizar a Sinagoga em relação à Igreja: uma mesma noção, a privação de visão, pode assim ser constantemente reempregada na ordem simbólica para se aplicar a conteúdos muito diversos e ser representada também de maneira diferente. O símbolo escapa à necessidade de univocidade e de exaustividade que enquadram rigorosamente a formação dos conceitos. Estes últimos são esquematizadas por uma só modalidade sensível cuja forma é a da unidade e da identidade. Podemos apenas dizer, de um ponto de vista antropológico muito geral, que conceitos respondem a uma diversidade fenomenal que eles neutralizam em prol de uma definição (por exemplo, a água, qualquer que seja sua aparência visível, tem por equivalente H2O). Mas também as construções simbólicas jogam com analogias e propõem substituições, isto é, alegorias (a roda da fortuna, o corno da abundância, a balança da justiça) ou símbolos: o belo como símbolo da moralidade, para retomarmos a fórmula de Kant. Que o belo possa ser o símbolo da moralidade se funda sobre uma experiência estética bastante comum, que nos faz encontrar uma satisfação não ditada por alguma necessidade exterior em objetos sensíveis que, quando tomados como objetos do conhecimento, são sem charme particular. Kant evoca nossa maneira de interpretar as cores (gritantes, doces, etc.), árvores ou edifícios (majestosos), campos risonhos e alegres (KANT, 2019, p. 252; Ak. V, 354). A imaginação é assim representada na sua liberdade como determinável de modo final para o entendimento, isto é, somos capazes de dar um sentido a objetos sensíveis que, no registro conceitual se prestariam a uma elaboração conceitual cuja visada seria de outra ordem.

Isto implica ao menos três observações: o universo simbólico, em sua ilimitação, remete à impossibilidade de encontrarmos uma definição positiva da liberdade, mas também à impossibilidade de deixarmos de querer buscá-la, pois é efetivamente impossível viver sem objetivo nem projeto, é impossível não elaborar a todo tempo finalidades; por outro lado, este universo é incomensuravelmente mais vasto do que o dos conceitos, pois estes últimos são os produtos mais raros de um trabalho de simplificação, de depuração, do diverso fenomenal que se apresenta sempre como um *discretum* heterogêneo que é preciso forçar a tornar-se um *continuum* homogêneo; enfim, a ilimitação simbólica não justifica de modo algum a infinita variedade de preferências, mas procura impor o gosto precisamente sobre a base de um trabalho do entendimento. Dito de outro modo, as obras de arte não estão sujeitas a uma recepção sempiternamente ditada pelos caprichos individuais, mas demandam e requerem que as interpretemos, mostrando sua ligação com a liberdade da imaginação e com a moralidade que é a única maneira de responder às exigências da causalidade por liberdade, portanto que elaboremos o "sentido" ao termo de um trabalho de interpretação: o "sentido" torna-se assim um processo cujo inacabamento é consubstancial.

No fundo, o que distingue conceito e símbolo, isto é, as produções do entendimento em relação às da imaginação produtiva, é sua relação com o tempo. Assim, aparece imediatamente que o conceito é animado por uma ambição de a-historicidade e procura se liberar da temporalidade, enquanto que o símbolo nela mergulha e apenas a união que este último apresenta entre a ordem sensível e o registro da ideia torna-se pelas obras, justamente, transhistórico, sem procurar negar a história porque, ao contrário, quer nela se inscrever a título de intervenção. E como os símbolos estão imbuídos de historicidade, eles se apresentam sempre através da singularidade das obras, enquanto que os conceitos aspiram evidentemente a uma universalidade que culmina no anonimato das fórmulas físicas: mesmo quando associamos tal lei ao seu autor (a própria atribuição permanecendo frequentemente problemática), o que importa não é mais o indivíduo que a formulou em tal data e sob tal forma, mas sua capacidade de entrar nos cálculos cujas finalidades são teóricas ou técnicas. Seu interesse principal reside em sua função e esta funcionalização progressiva é a caução de seu valor. Não ocorre o mesmo com os símbolos que permanecem encastrados em renascimentos culturais, nos quais são incessantemente transformados. Mas isso não significa de modo algum que, em nome da universalidade a-histórica, se devesse privilegiar os conceitos, ou que, espreitando o menor vestígio de ligação com a história que neles subsistiria, deveríamos imediatamente desvalorizá-los em prol dos símbolos e militar, como o fez Nietzsche, por uma redução dos conceitos às metáforas, por um reino finalmente exclusivo do simbólico. Pois os dois registros, conceitual e simbólico, permanecem mais estreitamente ligados do que pensamos à primeira vista, a despeito até de todas as suas diferenças.[20]

20. Em seu trabalho sobre a metaforologia, Blumenberg (2006) nunca pretendeu desvalorizar o trabalho conceitual, considerando-o vão, em nome da onipresença das metáforas na elaboração dos conceitos.

A única possibilidade filosófica (não teológica) de reconciliar sentido e fato (que evita assim de acabar no profetismo ou empregar um tom superior) consiste portanto em remontar pacientemente em direção às fontes e aos fundamentos dos discursos de humanos agentes: essa tarefa filosófica implica uma hermenêutica.

A ligação do pensamento e da linguagem mediatizados pela imaginação é claramente reconhecida por Kant em sua *Antropologia*, §39: "Pensar é falar consigo mesmo (os índios de Otahiti designam o pensamento como falar em seu ventre), consequentemente também ouvir-se a si mesmo interiormente (pela imaginação reprodutiva)" (KANT, 2002, p.193; Ak. VII, p.192).[21] Mesmo no trabalho conceitual, não poderíamos compreender a ligação da intuição com seu conceito se a imaginação não procurasse um análogo, não desse uma forma como "(...) simbolização originária da percepção" (MAKOWIAK, 2009, p. 132). Linguagem, pensamento e imaginação, formando tranças, contribuem a pré-formar as ideias da razão e as sínteses perceptivas. Não se trata de uma "língua" originária, mas de uma ligação que é preciso supor na origem comum entre pensamento e linguagem, de tal maneira que esta possa se inscrever no tempo de uma história das ações humanas. Assim, ao invés de pensar a imaginação como uma raiz comum ao entendimento e à imaginação, como na alegoria esboçada por Kant, ou mesmo como uma raiz comum entre o pensamento e a linguagem, prefiro conceber essa tríade como uma trança, na qual "(...) ela é criadora de ficções (*produtora*) ou limitada ao simples reativar (*reprodutora*)" (KANT, 2002, p. 73; Ak., VII, 168). Esta *Dichtungsvermögen*, esse poder de forjar ficções, de instalar coesão onde esta não parece existir, a torna indispensável para a criação discursiva, mesmo que nunca atue sozinha. É ela que permite que possamos passar de uma língua à outra, estabelecendo analogias, equivalências que a razão arbitra.

21. Kant deve ter lido o segundo *Discurso* de Rousseau (1964, p. 149-151), no qual este último esboça uma concepção bem próxima: "Além disso as ideias gerais só podem se introduzir no espírito com a ajuda de palavras e o entendimento só as apreende por proposições (...) Toda ideia geral é puramente intelectual; por pouco que a imaginação se intrometa, a ideia torna-se rapidamente particular (...) é preciso portanto falar para ter ideias gerais".

É a imaginação, sobretudo, que permite repensar a relação entre poesia e filosofia. Pois não basta afirmar a anterioridade da poesia sobre a filosofia, como fez Rousseau e, antes dele, mais profundamente, Vico, ou sublinhar que a primeira língua humana foi poética – afirmação mais entusiasta do que instruída –; é preciso compreender que toda língua é necessariamente pré-formada por "figuras" nas designações que cria, não pode fazer a economia de um ritmo (prosódia), ou deixar de forjar palavras a partir de sínteses perceptivas complexas nas quais atuam semelhanças, transposições, imitações (o que se apresenta em seguida sob a forma de metáforas, metonímias, etc.). Assim, nenhum edifício conceitual, por mais sistemático e desprovido de ornamentos que seja, é sem invenção poética; nenhum pode satisfazer ao ideal de uma linguagem perfeitamente determinada. Estritamente falando, só há definição em matemática, pois apenas em matemática o conceito é equivalente ao seu referente. A dívida das obras filosóficas, e a *fortiori* de todo pensamento, em relação à poesia é portanto permanente; não será nunca quitada. E contentar-se com ela é a única maneira de reconhecer uma relação crítica e histórica, reflexiva e criadora entre as línguas e o pensamento.

Tradução de Patrícia Lavelle

REFERÊNCIAS

ADORNO, T. *Dialectique négative*. Paris: Payot, 2001. (Trabalho original publicado em 1966).

BAUDELAIRE, Ch. *Salon de 1859*. In: Œuvres complètes. Vol. II. Paris: Gallimard, 1985.

BLUMENBERG, Hans. *Paradigmes pour une métaphorologie*. Tradução de D. Gammelin. Paris: Vrin, 2006.

BLUMENBERG, Hans. *Théorie de l'inconceptualité*. Tradução de M. de Launay. Paris: L'Éclat, 2017.

HUMBOLDT, Wilhelm von. *Le prodige de l'origine des langues*. Paris: Manucius, 2018. (Trabalho original publicado em 1904).

KANT, I. *Crítica da razão pura*. Tradução de Manuela Pinto dos Santos e Alexandre Fradique Morujão. Lisboa: Fundaçao Calouste Gulbenkian, 1997.

KANT, I. *Anthropologie du point de vue pragmatique*. Tradução de M. Foucault. Paris: Vrin, 2002.

KANT, I. *Crítica da faculdade de julgar*. Tradução de Fernando Costa Mattos. Petrópolis: Vozes, 2016.

MAKOVIAK, Alexandra. *Kant, l'imagination et la question de l'homme*. Grenoble: Millon, 2009.

ROUSSEAU, E. Œuvres. Paris, Gallimard, 1964.

SHELLEY, Percy B. *Défense de la poésie*. Paris: Payot&Rivages, 2011. (Trabalho original publicado em 1822).

VICO, G. *L'Antique sagesse de l'Italie*. Paris: Garnier-Flammarion, 1993.

Sobre os autores

Alberto Pucheu é poeta e professor de Teoria Literária da UFRJ. Como ensaísta, publicou, entre vários outros, *apoesia contemporânea* e *Que porra é essa – poesia?*. Como poeta, publicou *A fronteira desguarnecida (poesia reunida 1993-2007)*, *mais cotidiano que o cotidiano* e *Para que poetas em tempos de terrorismos?*. Todos esses livros foram publicados pela Azougue Editorial. Fez os documentários *Leonardo Fróes: um animal na montanha*, *Vicente Franz Cecim: um animal na floresta*, *Carlos de Assumpção: Protesto* e a série *Autobiografias poético-políticas*. Foi o curador do primeiro número da antologia poética da CULT.

Henrique Estrada é formado em História pela UFMG com doutorado em Filosofia pela USP. Professor de Teoria da História na PUC-Rio. O trabalho aqui apresentado é parte de uma pesquisa sobre as interfaces da tradição utópica com a História, a Literatura e a Filosofia. Dessa pesquisa, já foram publicados "A utopia do mínimo que resta: o lance dos lances em Haroldo de Campos", "Ítaca ao Revés", "Poesia bíblica e utopia em Haroldo de Campos" e "Método utópico, viagem científica: como descobrir uma ciência utópica do social?", todos disponíveis online.

Ivan Marques é professor de Literatura Brasileira na Universidade de São Paulo. É autor dos livros *Cenas de um modernismo de província: Drummond e outros rapazes de Belo Horizonte* (Editora 34, 2011), *Modernismo em revista: estética e ideologia nos periódicos dos anos 1920* (Editora Casa da Palavra, 2013) e *Para amar Graciliano* (Faro Editorial, 2017), entre outras publicações. Dirigiu também o documentário *Orides: a um passo do pássaro* (2000).

Luisa Buarque é Doutora em Filosofia pela UFRJ e Professora Adjunta do Departamento de Filosofia da PUC-Rio. Atua nas áreas da Filosofia Antiga e dos Estudos Clássicos, privilegiando temas ligados à linguagem, à retórica e às literaturas trágica e cômica. É autora do livro *As Armas*

Cômicas: os interlocutores de Platão no Crátilo (Héxis, 2011) e co-organizadora, junto com Fernando Santoro, do *Dicionário dos Intraduzíveis* (Autêntica, 2018), versão brasileira do *Vocabulaire Européen des Philosophies* (Vrin, 2004), organizado por Barbara Cassin. Publicou em coletâneas e em periódicos especializados inúmeros artigos em torno da filosofia e da literatura gregas.

Marc de Launay é pesquisador nos Archives Husserl de Paris e professor na École Normale Supérieur (ENS-Ulm), especialista das correntes neokantianas, da filosofia de Nietzsche e de teorias da tradução. Traduziu inúmeras obras de filosofia alemã: Kant, Schelling, Nietzsche, Husserl, Cohen, Rosenzweig, Scholem, Cassirer, Adorno, Habermas, Blumenberg. Dirige atualmente as obras de Nietzsche para a "Bibliothèque de la Pléiade". Em 2019, recebeu da Sorbonne o Prix Étienne Dolet pelo conjunto de sua obra como tradutor e teórico da tradução.

Marcela Oliveira é Professora do Departamento de Filosofia da PUC-Rio, onde se formou Doutora e Mestre, atuando na Graduação e na Pós-graduação com especializações em Arte e Filosofia e Filosofia Contemporânea. É integrante do Grupo de Trabalho em Estética na ANPOF e autora de *Teatro da espera: Beckett e a ruína do drama* (7Letras).

Marcia Cavalcante é professora titular de filosofia na Universidade de Södertörn (Suécia). Entre 1994 e 2000 foi Professora Adjunto do Instituto de Filosofia e Ciências Sociais da UFRJ. Suas principais áreas de trabalho são hermenêutica, fenomenologia, idealismo alemão, filosofia francesa contemporânea e estética poética e musical. Possui uma extensa lista de publicações em várias línguas. Dentre os seus livros pode-se mencionar: *O começo de Deus: a filosofia do devir no pensamento tardio de F. W. Schelling* (1998), *A Doutrina dos sons de Goethe a caminho da música nova de Webern* (1999), *Para ler os medievais. Ensaio de hermenêutica imaginativa* (2000), *Lovtal till intet: essäer om filosofisk hermeneutik (Elogio ao nada: ensaios de hermenêutica filosófica)* (2006), *Att tänka i skisser: essäer om bildens filosofi och filosofins bilder (Pensar por* *esboços: ensaios sobre a filosofia da imagem e as imagens da filosofia)* (2011), *Olho a Olho, ensaios de longe* (2011), *Being with the without* (com Jean-Luc Nancy, 2013), *Dis-orentations: Philosophy, Literatura and the Lost grounds of Modernity* (com Tora Lane, 2015), *The End of the World: Contemporary Philosophy and Art* (com Susanna Lindberg, 2017). É tradutora de várias obras de filosofia e poesia dentre as quais *Ser e Tempo, Heráclito, A Caminho da Linguagem* de Martin Heidegger, *Hipérion* e *Escritos Teóricos de F. Hölderlin,* reflexões sobre o sonho e outros ensaios filosóficos de Paul Valéry e para o sueco, poesia escolhida de Paulo Henriques Britto (*En liten sol i fickan*) e *Primeiras estórias* de Guimarães Rosa (*Förberättelser*).

Patrícia Lavelle é professora da PUC-Rio, atuando no Programa de Pós-graduação em Literatura, Cultura e Contemporaneidade. Doutora em Filosofia pela École de Hautes Études en Sciences Sociales de Paris, onde também deu aulas, é pesquisadora associada ao Centre Georg Simmel e ao Fonds Ricoeur. Publicou: *O Espelho distorcido. Imagens do indivíduo no Brasil oitocentista* (Editora UFMG, 2003), *Religion et histoire: sur le concept d'experience chez Walter Benjamin* (Éditions du Cerf, 2008), e organizou: *Cahier de l'Herne Walter Benjamin* (L'Herne, 2013), *A arte de contar histórias,* que reúne os contos de W. Benjamin, (Hedra, 2018), entre outros volumes coletivos e coletâneas de ensaios. Em poesia, publicou: *Migalhas metacríticas* (7Letras, Megamíni, 2017), *Bye bye Babel* (7Letras, 2018, primeira menção honrosa no Prêmio Cidade de Belo Horizonte de 2016) e, em colaboração com Paulo Henriques Britto, organizou *O Nervo do poema. Antologia para Orides Fontela* (Relicário, 2018).

Paulo Henriques Britto é escritor, tradutor e professor do Departamento de Letras da PUC-Rio, na graduação e na pós-graduação. É autor de onze livros (poesia, ficção e ensaio), sendo o mais recente *Nenhum mistério* (poesia). De suas traduções publicadas nos últimos anos destacam-se *O quarto de Giovanni,* de James Baldwin, e *O imperador do sorvete e outros poemas,* de Wallace Stevens. Ganhou diversos prêmios literários, entre eles o Portugal Telecom, o Bravo! Bradesco Prime, o da Fundação Biblioteca Nacional e o da Associação Paulista de Críticos de Arte.

Pedro Duarte é Professor Doutor de Filosofia da PUC-Rio. Foi Professor Visitante nas universidades Brown (EUA) e Södertörns (Suécia). É autor dos livros *Estio do tempo: Romantismo e estética moderna* (Zahar), *A palavra modernista: vanguarda e manifesto* (Casa da Palavra) e *Tropicália* (Cobogó). Tradutor do livro *Liberdade para ser livre*, de Hannah Arendt (Bazar do Tempo). Co-autor, roteirista e curador da série de TV "Alegorias do Brasil", junto com o diretor Murilo Salles (Canal Curta!). Editor da revista *O que nos faz pensar*, do Departamento de Filosofia da PUC-Rio. Líder do Grupo de Pesquisa no CNPq sobre Arte, Autonomia e Política, do qual é Coordenador no Programa Institucional de Internacionalização da Capes (PRINT). Membro da Sociedade Portuguesa de Filosofia (SPF), da Brazilian Studies Association (BRASA), da Associação Brasileira de Estética (ABRE) e do Grupo de Trabalho em Estética da Associação Nacional de Pós-Graduação em Filosofia (ANPOF). Ênfase de pesquisa em Estética, Filosofia Contemporânea, Cultura Brasileira e História da Filosofia.

Pedro Süssekind, nascido no Rio de Janeiro em 1973, é doutor em Filosofia pela UFRJ, com especialização em Literatura Comparada na Universidade Livre de Berlim. Trabalha na UFF como Professor Associado do Departamento de Filosofia. Publicou, além de diversos artigos acadêmicos, os livros de ficção *Litoral* (7letras, 2004) e *Triz* (Editora 34, 2011), e os ensaios *Shakespeare, o gênio original* (Zahar, 2008) – sobre a recepção de Shakespeare na Alemanha do séc. XVIII –, e *Teoria do fim da arte* (7letras, 2017). Atualmente está terminando um livro sobre *Hamlet* e a filosofia.

Renata Sammer é doutora em História Social da Cultura pela PUC-Rio (2016), autora do livro *Os Caracteres Poéticos de Giambattista Vico* (2018) e desenvolve atualmente pesquisa de pós-doutorado em Literatura

Comparada financiada pela Fundação de Amparo à Pesquisa do Estado do Rio de Janeiro (FAPERJ). Trabalha com teoria e crítica literária com ênfase em retórica, poética e letras neo-latinas.

Susana Scramim é professora Titular de Teoria Literária na Universidade Federal de Santa Catarina e pesquisadora produtividade do CNPq. Membro do Comitê Assessor da Área de Letras e Linguística no CNPq (2018-2021). Entre suas principais publicações estão os livros: *Literatura do Presente* (Ed. Argos, 2007); *Carlito Azevedo, Ciranda de Poesia* (EDUERJ, 2010); *"Pervivências" do arcaico: a poesia de Drummond, Murilo Mendes e Cabral e sua sombra* (Ed. 7 Letras, 2019).

1ª EDIÇÃO [2019]

Esta obra foi composta em Chronicle Text e Sentinel
sobre papel Pólen Soft 80 g/m² para a Relicário Edições.